I0837794

El Estado y la Revolución

Vladímir Ilich Uliánov
«Lenin»

Título original: *Gosudarstvo i revolyutsiya*

Título castellano: El *Estado y la Revolución*

Autor: Vladímir Ilich Ulianov, Lenin

Fecha redacción: agosto y septiembre de 1917

Editor y portada: Miguel G. Macho

ÍNDICE

Prólogo a la primera edición 9

Prólogo a la segunda edición 13

Capítulo I 15

1. El Estado, producto del carácter
irreconciliable de las contradicciones de clase
2. Los destacamentos especiales de fuerzas armadas,
las carceles, etc.
3. El estado, arma de explotacion de la clase oprimida
4. La «extinción» del Estado y la revolución violenta

Capítulo II 35

1. En vísperas de la revolución
2. El balance de la revolución
3. Cómo planteaba Marx la cuestión en 1852

Capítulo III 51

1. ¿En qué consiste el heroismo de la tentativa de los
comuneros?
2. ¿Con qué sustituir la maquina del Estado una vez
destruida?
3. La abolición del parlamentarismo
4. Organización de la unidad de la nación
5. La destruccion del Estado-parasito

Capítulo IV 77
    1. «La cuestión de la vivienda»
    2. Polémica con los anarquistas
    3. Una carta a Bebel
    4. Critica del proyecto del programa de Erfurt
    5. Prólogo de 1891 a «La guerra civil» de Marx
    6. Engels, sobre la superacion de la democracia

Capítulo V 107
    1. Planteamiento de la cuestión por marx
    2. La transición del capitalismo al comunismo
    3. Primera fase de la sociedad comunista
    4. La fase superior de la sociedad comunista

Capítulo VI 131
    1. La polémica de Plejanov con los anarquistas
    2. La polemica de Kautsky con los oportunistas
    3. La polemica de Kautsky con Pannekoek

Capítulo VII 155

Palabras finales a la primera edición 157

EL ESTADO Y LA REVOLUCIÓN

LA DOCTRINA MARXISTA DEL ESTADO Y LAS TAREAS DEL PROLETARIADO EN LA REVOLUCIÓN[1]

---

1 Lenin escribió El Estado y la Revolución en la clandestinidad, en agosto y septiembre de 1917. La idea de la necesidad de elaborar teóricamente el problema del Estado fue expresada por Lenin en la segunda mitad de 1916. Por aquel entonces escribió el artículo La Internacional Juvenil, donde criticó la posición antimarxista de Bujarin acerca del Estado y prometió escribir un extenso artículo sobre la actitud del marxismo en lo referente a este problema. En una carta fechada el 17 de febrero de 1917, Lenin notificaba a Alejandra Kolontái que tenía casi preparado el material al respecto. Lo había escrito con letra menuda y apretada en un cuaderno de tapas azules al que había puesto un título: El marxismo y el Estado. Contenía el cuaderno una recopilación de citas de obras de Carlos Marx y Federico Engels, así como pasajes de libros de Kautsky, Pannekoek y Bernstein con observaciones críticas, conclusiones y juicios de Lenin.

Según el plan trazado por su autor, El Estado y la Revolución debía constar de siete capítulos, pero Lenin no escribió el séptimo, titulado La experiencia de las revoluciones rusas de 1905 y 1917. Se conserva tan sólo un plan detallado de este capítulo. Respecto a la publicación del libro, Lenin escribió al editor una nota diciéndole que «si tardaba demasiado en terminar el capítulo en cuestión, el VII, o si éste le salía más extenso de la cuenta, habría que sacar a la luz los primeros seis capítulos como primera parte...».

En la primera página del manuscrito, el autor ocultaba su nombre bajo el seudónimo de F. F. Ivanovski, al que recurrió Lenin para evitar que el Gobierno Provisional mandase recoger el libro. Pero éste se publicó tan sólo en 1918, razón por la cual desapareció la necesidad del seudónimo.

PRÓLOGO A LA PRIMERA EDICIÓN

La cuestión del Estado adquiere actualmente una importancia singular, tanto en el aspecto teórico como en el aspecto político práctico. La guerra imperialista ha acelerado y agudizado extraordinariamente el proceso de transformación del capitalismo monopolista en capitalismo monopolista de Estado. La opresión monstruosa de las masas trabajadoras por el Estado, que se va fundiendo cada vez más estrechamente con las asociaciones omnipotentes de los capitalistas, cobra proporciones cada vez más monstruosas. Los países adelantados se convierten —y al decir esto nos referimos a su «retaguardia»— en presidios militares para los obreros.

Los inauditos horrores y calamidades de esta guerra interminable hacen insoportable la situación de las masas, aumentando su indignación. Va fermentando a todas luces la revolución proletaria internacional. La cuestión de la actitud de ésta hacia el Estado adquiere una importancia práctica.

Los elementos de oportunismo acumulados durante décadas de desarrollo relativamente pacífico crearon la corriente de socialchovinismo imperante en los partidos socialistas oficiales del mundo entero. Esta corriente (Plejánov, Pótresov, Breshkóvskaia, Rubanóvich y luego, bajo una forma levemente velada, los señores Tsereteli, Chernov y Cía., en Rusia; Scheidemann, Legien, David y otros en Alemania; Renaudel, Guesde, Vandervelde, en Francia y en Bélgica; Hyndman y los fabianos[2], en Inglaterra, etc., etc.), socialismo de palabra y chovinismo de hecho, se distingue por la adaptación vil y lacayuna de los «jefes» del «socialismo», no sólo a los intereses de «su» burguesía nacional, sino, precisamente, a los intereses de «su» Estado, pues la mayoría de las llamadas grandes potencias hace ya largo tiempo que explotan y esclavizan a muchas nacionalidades pequeñas y débiles. Y la guerra imperialista es precisamente una guerra por la partición y el reparto de esta clase de botín. La lucha por arrancar a las masas trabajadoras de la influencia de la burguesía en general y de la burguesía imperialista en particular, es imposible sin una lucha contra los prejuicios oportunistas relativos al «Estado».

Comenzamos examinando la doctrina de Marx y Engels sobre el Estado, deteniéndonos de manera especialmente minuciosa en los aspectos de esta doctrina olvidados o tergiversados de un modo oportunista. Luego, analizaremos especialmente la posición del principal representante de estas tergiversaciones, Carlos Kautsky, el líder más conocido de la II Internacional (1889-1914), que tan lamentable bancarrota ha sufrido durante la guerra actual. Finalmente, haremos el balance fundamental de la experiencia de la revolución rusa de 1905 y, sobre todo, de la de 1917. Esta última cierra, evidentemente, en los momentos actuales (comienzos de agosto de 1917), la primera fase de su desarrollo; pero toda esta revolución, en términos generales, sólo puede comprenderse como uno de los eslabones de la cadena de las revoluciones proletarias

---

2 Fabianos: Miembros de la Sociedad Fabiana, reformista y ultraoportunista, fundada en Inglaterra por un grupo de intelectuales burgueses en 1884. Su denominación está inspirada en el nombre de Fabio Cunctator («El Temporizador»), caudillo militar romano, célebre por su táctica expectante, que rehuía los combates decisivos. Según dijo Lenin, la Sociedad Fabiana constituía «la expresión más acabada del oportunismo y de la política liberal obrera". Los fabianos distraían al proletariado de la lucha de clases y predicaban la posibilidad de la transición pacífica y gradual del capitalismo al socialismo por medio de las reformas. Durante la guerra imperialista mundial (1914-1918), los fabianos tomaron las posiciones del socialchovinismo. V. I. Lenin caracteriza a los fabianos en su Prefacio a la traducción rusa del libro "Cartas de I. Becker, I. Dietzgen, F. Engels, C. Marx y otros a F. Sorge y otros», en El programa agrario de la socialdemocracia en la revolución rusa, El pacifismo inglés y la aversión inglesa a la teoría y en algunas obras más.

socialistas suscitadas por la guerra imperialista. La cuestión de la actitud de la revolución socialista del proletariado ante el Estado adquiere, así, no sólo una importancia política práctica, sino la importancia más candente como cuestión de explicar a las masas qué deberán hacer para liberarse, en un porvenir inmediato, del yugo del capital.

Lenin

Agosto de 1917.

PRÓLOGO A LA SEGUNDA EDICIÓN

Esta edición, la segunda, no contiene apenas modificaciones. No se ha hecho más que añadir el apartado 3 al capítulo II.

Lenin

Moscú, 17 de diciembre de 1918.

CAPÍTULO I

LA SOCIEDAD DE CLASES Y EL ESTADO

1. EL ESTADO, PRODUCTO DEL CARÁCTER IRRECONCILIABLE DE LAS CONTRADICCIONES DE CLASE

Ocurre hoy con la doctrina de Marx lo que ha solido ocurrir en la historia repetidas veces con las doctrinas de los pensadores revolucionarios y de los jefes de las clases oprimidas en su lucha por la liberación. En vida de los grandes revolucionarios, las clases opresoras les someten a constantes persecuciones, acogen sus doctrinas con la rabia más salvaje, con el odio más furioso, con la campaña más desenfrenada de mentiras y calumnias. Después de su muerte, se intenta convertirlos en iconos inofensivos, canonizarlos, por decirlo así, rodear sus nombres de una cierta aureola de gloria para «consolar» y engañar a las clases oprimidas, castrando el contenido de su doctrina revolucionaria, mellando su filo revolucionario, envileciéndola. En semejante «arreglo» del marxismo se dan la mano actualmente la burguesía y los oportunistas dentro del movimiento obrero. Olvidan, relegan a un segundo plano, tergiversan el aspecto revolucionario de esta doctrina, su espíritu revolucionario. Hacen pasar a primer plano, ensalzan lo que es o parece ser aceptable para la burguesía. Todos los socialchovinistas son hoy —¡bromas aparte!— «marxistas». Y cada vez con mayor frecuencia los sabios burgueses alemanes, que ayer todavía eran especialistas en pulverizar el marxismo, hablan hoy ¡de un Marx «nacional-alemán» que, según ellos, educó estas asociaciones obreras tan magníficamente organizadas para llevar a cabo la guerra de rapiña!

Ante esta situación, ante la inaudita difusión de las tergiversaciones del marxismo, nuestra misión consiste, ante todo, en restaurar la verdadera doctrina de Marx sobre el Estado. Para esto es necesario citar toda una serie de pasajes largos de las obras mismas de Marx y Engels. Naturalmente, las citas largas hacen la exposición pesada y en nada contribuyen a darle un carácter popular. Pero es de todo punto imposible prescindir de ellas. No hay más remedio que citar del modo más completo posible todos los pasajes, o, por lo menos, todos los pasajes decisivos, de las obras de Marx y Engels sobre la cuestión del Estado, para que el lector pueda formarse por su cuenta una noción del conjunto de las ideas de los fundadores del socialismo científico y del desarrollo de estas ideas, así como también para probar documentalmente y patentizar con toda claridad la tergiversación de estas ideas por el «kautskismo» hoy imperante.

Comencemos por la obra más conocida de F. Engels: *El origen de la familia, de la propiedad privada y del Estado*, de la que ya en 1894 se publicó en Stuttgart la sexta edición. Conviene traducir las citas de los originales alemanes, pues las traducciones rusas, con ser tan numerosas, son en gran parte incompletas o están hechas de un modo muy defectuoso.

«El Estado —dice Engels, resumiendo su análisis histórico— no es, en modo alguno, un Poder impuesto desde fuera a la

sociedad; ni es tampoco 'la realidad de la idea moral', 'la imagen y la realidad de la razón', como afirma Hegel. El Estado es, más bien, un producto de la sociedad al llegar a una determinada fase de desarrollo; es la confesión de que esta sociedad se ha enredado con sigo misma en una contradicción insoluble, se ha dividido en antagonismos irreconciliables, que ella es impotente para conjurar. Y para que estos antagonismos, estas clases con intereses económicos en pugna, no se devoren a sí mismas y no devoren a la sociedad en una lucha estéril, para eso hízose necesario un Poder situado, aparentemente, por encima de la sociedad y llamado a amortiguar el conflicto, a mantenerlo dentro de los límites del 'orden'. Y este Poder, que brota de la sociedad, pero que se coloca por encima de ella y que se divorcia cada vez más de ella, es el Estado» (págs. 177 y 178 de la sexta edición alemana).

Aquí aparece expresada con toda claridad la idea fundamental del marxismo en punto a la cuestión del papel histórico y de la significación del Estado. El Estado es el producto y la manifestación del carácter irreconciliable de las contradicciones de clase.

El Estado surge en el sitio, en el momento y en el grado en que las contradicciones de clase no pueden, objetivamente, conciliarse. Y viceversa: la existencia del Estado demuestra que las contradicciones de clase son irreconciliables.

En torno a este punto importantísimo y cardinal comienza precisamente la tergiversación del marxismo, tergiversación que sigue dos direcciones fundamentales:

De una parte, los ideólogos burgueses y especialmente los pequeñoburgueses, obligados por la presión de hechos históricos indiscutibles a reconocer que el Estado sólo existe allí donde existen las contradicciones de clase y la lucha de clases, «corrigen» a Marx de manera que el Estado resulta ser el órgano de la conciliación de clases. Según Marx, el Estado no podría ni surgir ni mantenerse si fuese posible la conciliación de las clases. Para los profesores y publicistas mezquinos y filisteos —¡que invocan a cada paso en actitud benévola a Marx!— resulta que el Estado es precisamente el que concilia las clases. Según Marx, el Estado es un órgano de dominación de clase, un órgano de opresión de una clase por otra, es la creación del «orden» que legaliza y afianza esta opresión, amortiguando los choques entre las clases. En opinión de los políticos pequeñoburgueses, el orden es precisamente la conciliación de las clases y no la opresión de una clase por otra. Amortiguar los choques significa para ellos conciliar y no privar a las clases oprimidas de ciertos medios y procedimientos de lucha para el derrocamiento de los opresores.

Por ejemplo, en la revolución de 1917, cuando la cuestión de la significación y del papel del Estado se planteó precisamente en toda su magnitud, en el terreno práctico, como una cuestión de acción inmediata, y además de acción de masas, todos los socialrevolucionarios y todos los mencheviques cayeron, de pronto y por entero, en la teoría pequeñoburguesa de la «conciliación» de las clases «por el Estado». Hay innumerables resoluciones y artículos de los políticos de estos dos partidos saturados de esta teoría mezquina y filistea de la «conciliación». Que el Estado es el órgano de dominación de una determinada clase, la cual no puede conciliarse con su antípoda (con la clase contrapuesta a ella), es algo que esta democracia pequeñoburguesa no podrá jamás comprender, La actitud ante el Estado es uno de los síntomas más patentes de que nuestros socialrevolucionarios y mencheviques no son en manera alguna socialistas (lo que nosotros, los bolcheviques, siempre hemos demostrado), sino demócratas pequeñoburgueses con una fraseología casi socialista.

De otra parte, la tergiversación «kautskiana» del marxismo es bastante más sutil.

«Teóricamente», no se niega ni que el Estado sea el órgano de dominación de clase, ni que las contradicciones de clase sean irreconciliables. Pero se pasa por alto u oculta lo siguiente: si el Estado es un producto del carácter irreconciliable de las contradicciones de clase, si es una fuerza que está por encima de la sociedad y que «se divorcian cada vez más de la sociedad», es evidente que la liberación de la clase oprimida es imposible, no sólo sin una revolución violenta, sino también sin la destrucción del aparato del Poder estatal que ha sido creado por la clase dominante y en el que toma cuerpo aquel «divorcio». Como veremos más abajo, Marx llegó a esta conclusión, teóricamente clara por si misma, con la precisión más completa, a base del análisis histórico concreto de las tareas de la revolución. Y esta conclusión es precisamente — como expondremos con todo detalle en las páginas siguientes — la que Kautsky... ha «olvidado» y falseado.

2. LOS DESTACAMENTOS ESPECIALES DE FUERZAS ARMADAS, LAS CÁRCELES, ETC.

«En comparación con las antiguas organizaciones gentilicias (de tribu o de clan) —prosigue Engels—, el Estado se caracteriza, en primer lugar, por la agrupación de sus súbditos según las divisiones territoriales»... A nosotros, esta agrupación nos parece 'natural', pero ella exigió una larga lucha contra la antigua organización en 'gens' o en tribus.

«La segunda característica es la instauración de un Poder público, que ya no coincide directamente con la población organizada espontáneamente como fuerza armada. Este Poder público especial hácese necesario porque desde la división de la sociedad en clases es ya imposible una organización armada espontánea de la población... Este Poder público existe en todo Estado; no está formado solamente por hombres armados, sino también por aditamentos materiales, las cárceles y las

instituciones coercitivas de todo género, que la sociedad gentilicia no conocía...».

Engels desarrolla la noción de esa «fuerza» a que se da el nombre de Estado, fuerza que brota de la sociedad, pero que se sitúa por encima de ella y que se divorcia cada vez más de ella. ¿En qué consiste, fundamentalmente, esta fuerza? En destacamentos especiales de hombres armados, que tienen a su disposición cárceles y otros elementos.

Tenemos derecho a hablar de destacamentos especiales de hombres armados, pues el Poder público propio de todo Estado «no coincide directamente» con la población armada, con su «organización armada espontánea».

Como todos los grandes pensadores revolucionarios, Engels se esfuerza en dirigir la atención de los obreros conscientes precisamente hacia aquello que el filisteísmo dominante considera como lo menos digno de atención, como lo más habitual, santificado por prejuicios no ya sólidos, sino podríamos decir que petrificados El ejército permanente y la policía son los instrumentos fundamentales de la fuerza del Poder del Estado. Pero ¿puede acaso ser de otro modo?

Desde el punto de vista de la inmensa mayoría de los europeos de fines del siglo XIX, a quienes se dirigía Engels y que no habían vivido ni visto de cerca ninguna gran revolución, esto no podía ser de otro modo. Para ellos, era completamente incomprensible esto de una «organización armada espontanea de la población». A la pregunta de por qué ha surgido la necesidad de destacamentos especiales de hombres armados (policía y ejército permanente) situados por encima de la sociedad y divorciados de ella, el filisteo del Occidente de Europa y el filisteo ruso se inclinaban a contestar con un par de frases tomadas de prestado de Spencer o de Mijailovski, remitiéndose a la complejidad de la vida social, a la diferenciación de funciones, etc.

Estas referencias parecen «científicas» y adormecen magníficamente al filisteo, velando lo principal y fundamental: la división de la sociedad en clases enemigas irreconciliables.

Si no existiese esa división, la «organización armada espontánea de la población» se diferenciaría por su complejidad, por su elevada técnica, etc., de la organización primitiva de la manada de monos que manejan el palo, o de la del hombre prehistórico, o de la organización de los hombres agrupados en la sociedad del clan; pero semejante organización sería posible.

Si es imposible, es porque la sociedad civilizada se halla dividida en clases enemigas, y además irreconciliablemente enemigas, cuyo armamento «espontáneo» conduciría a la lucha armada entre ellas. Se forma el Estado, se crea una fuerza especial, destacamentos especiales de hombres armados, y cada revolución, al destruir el aparato del Estado, nos indica bien visiblemente cómo la clase dominante se esfuerza por restaurar los destacamentos especiales de hombres armados a su servicio, cómo la clase oprimida se esfuerza en crear una nueva organización de este tipo, que sea capaz de servir no a los explotadores, sino a los explotados.

En el pasaje citado, Engels plantea teóricamente la misma cuestión que cada gran revolución plantea ante nosotros prácticamente de un modo palpable y, además, sobre un plano de acción de masas, a saber: la cuestión de las relaciones mutuas entre los destacamentos «especiales» de hombres armados y la «organización armada espontánea de la población». Hemos de ver cómo ilustra de un modo concreto esta cuestión la experiencia de las revoluciones europeas y rusas.

Pero volvamos a la exposición de Engels.

Engels señala que, a veces, por ejemplo, en algunos sitios de Norteamérica, este Poder público es débil (se trata aquí de excepciones raras dentro de la sociedad capitalista y de aquellos sitios de Norteamérica en que imperaba, en el período preimperialista, el colono libre), pero que, en términos generales, se fortalece: «... Este Poder público se fortalece a medida que los antagonismos de clase se agudizan dentro del Estado y a medida que se hacen más grandes y más poblados los Estados colindantes; basta fijarse en nuestra Europa actual, donde la lucha de clases y el pugilato de conquistas han encumbrado al Poder público a una altura en que amenaza con devorar a toda la sociedad y hasta al mismo Estado».

Esto fue escrito no más tarde que a comienzos de la década del 90 del siglo pasado.

El último prólogo de Engels lleva la fecha del 16 de junio de 1891. Por aquel entonces, comenzaba apenas en Francia, y más tenuemente todavía en Norteamérica y en Alemania, el viraje hacia el imperialismo, tanto en el sentido de la dominación completa de los trusts, como en el sentido de la omnipotencia de los grandes bancos, en el sentido de una grandiosa política colonial, etc. Desde entonces, el «pugilato de conquistas» ha experimentado un avance gigantesco, tanto más cuanto que a comienzos de la segunda década del siglo xx el planeta ha resultado estar definitivamente repartido entre estos «conquistadores en pugilato», es decir, entre las grandes potencias rapaces. Desde entonces, los armamentos terrestres y marítimos han crecido en proporciones increíbles, y la guerra de pillaje de 1914 a 1917 por la dominación de Inglaterra o Alemania sobre el mundo, por el reparto del botín, ha llevado al borde de una catástrofe completa la «absorción» de todas las fuerzas de la sociedad por un Poder estatal rapaz.

Ya en 1891, Engels supo señalar el «pugilato de conquistas» como uno de los más importantes rasgos distintivos de la política exterior de las grandes potencias. ¡Y los canallas socialchovinistas de los años 1914-1917, en que precisamente este pugilato, agudizándose más y más, ha engendrado la guerra imperialista, encubren la defensa de los intereses rapaces de «su» burguesía con frases sobre la «defensa de la patria», sobre la «defensa de la república y de la revolución» y con otras frases por el estilo!

3. EL ESTADO, ARMA DE EXPLOTACIÓN DE LA CLASE OPRIMIDA

Para mantener un Poder público aparte, situado por encima de la sociedad, son necesarios los impuestos y las deudas del Estado.

«Los funcionarios, pertrechados con el Poder público y con el derecho a cobrar impuestos, están situados —dice Engels—, como órganos de la sociedad, por encima de la sociedad. A ellos ya no les basta, aun suponiendo que pudieran tenerlo, con el respeto libre y voluntario que se les tributa a los órganos del régimen gentilicio...». Se dictan leyes de excepción sobre la santidad y la inviolabilidad de los funcionarios. «El más despreciable polizonte» tiene más «autoridad» que los representantes del clan; pero incluso el jefe del poder militar de un Estado civilizado podría envidiar a un jefe de clan por «el respeto espontáneo» que le profesaba la sociedad.

Aquí se plantea la cuestión de la situación privilegiada de los funcionarios como órganos del Poder del Estado. Lo fundamental es saber: ¿qué los coloca por encima de la sociedad?

Veamos cómo esta cuestión teórica fue resuelta prácticamente por la Comuna de París en 1871 y cómo la esfumó reaccionariamente Kautsky en 1912:

«Como el Estado nació de la necesidad de tener a raya los antagonismos de clase, y como, al mismo tiempo, nació en medio del conflicto de estas clases, el Estado lo es, por regla

general, de la clase más poderosa, de la clase económicamente dominante, que con ayuda de él se convierte también en la clase políticamente dominante, adquiriendo así nuevos medios para la represión y explotación de la clase oprimida...».

No fueron sólo el Estado antiguo y el Estado feudal órganos de explotación de los esclavos y de los campesinos siervos y vasallos: también «el moderno Estado representativo es instrumento de explotación del trabajo asalariado por el capital. Sin embargo, excepcionalmente, hay períodos en que las clases en pugna se equilibran hasta tal punto, que el Poder del Estado adquiere momentáneamente, como aparente mediador, una cierta independencia respecto a ambas»... Tal aconteció con la monarquía absoluta de los siglos XVII y XVIII, con el bonapartismo del primero y del segundo Imperio en Francia, y con Bismarck en Alemania.

Y tal ha acontecido también —agregamos nosotros— con el gobierno de Kerenski, en la Rusia republicana, después del paso a las persecuciones del proletariado revolucionario, en un momento en que los Soviets, como consecuencia de hallarse dirigidos por demócratas pequeñoburgueses, son ya impotentes, y la burguesía no es todavía lo bastante fuerte para disolverlos pura y simplemente.

En la república democrática —prosigue Engels— «*la riqueza ejerce su poder indirectamente, pero de un modo tanto más seguro*», y lo ejerce, en primer lugar, mediante la «*corrupción directa de los funcionarios*» (Norteamérica), y, en segundo lugar, mediante la «*alianza del gobierno con la Bolsa*» (Francia y Norteamérica). En la actualidad, el imperialismo y la dominación de los Bancos han «desarrollado», hasta convertirlos en un arte extraordinario, estos dos métodos adecuados para defender y llevar a la práctica la omnipotencia de la riqueza en las repúblicas democráticas, sean cuales fueren. Si, por ejemplo, en los primeros meses de la república democrática rusa, en los meses que podemos llamar de la luna de miel de los «socialistas» —socialrevolucionarios y mencheviques— con la burguesía, en el gobierno de coalición, el señor Palchinski saboteó todas las medidas de restricción contra los capitalistas y sus latrocinios, contra sus actos de saqueo en detrimento del fisco mediante los suministros de guerra, y si, al salir del ministerio, el señor Palchinski (sustituido, naturalmente, por otro Palchinski exactamente igual) fue «recompensado» por los capitalistas con un puestecito de 120 000 rublos de sueldo al año, ¿qué significa esto? ¿Es un soborno directo o indirecto? ¿Es una alianza del gobierno con los consorcios o son «solamente» lazos de amistad? ¿Qué papel desempeñan los Chernov y los Tsereteli, los Avkséntiev y los Skóbelev? ¿El de aliados «directos» o solamente indirectos de los millonarios malversadores de los fondos públicos?

La omnipotencia de la «riqueza» es más segura en las repúblicas democráticas, porque no depende de la mala envoltura política del capitalismo. La república democrática es la mejor envoltura política de que puede revestirse el capitalismo, y por lo tanto el capital, al dominar (a través de los Pakhinski, los Chernov, los Tsereteli y Cía.) esta envoltura, que es la mejor de todas, cimenta su Poder de un modo tan seguro, tan firme, que ningún cambio de personas, ni de instituciones, ni de partidos, dentro de la república democrática burguesa, hace vacilar este Poder. Hay que advertir, además, que Engels, con la mayor precisión, llama al sufragio universal arma de dominación de la burguesía. El sufragio universal, dice Engels, sacando evidentemente las enseñanzas de la larga experiencia de la socialdemocracia alemana, es *«el índice que sirve para medir la madurez de la clase obrera. No puede ser más ni será nunca más, en el Estado actual»*.

Los demócratas pequeñoburgueses, por el estilo de nuestros socialrevolucionarios y mencheviques, y sus hermanos carnales, todos los socialchovinistas y oportunistas de la Europa occidental, esperan, en efecto, «más» del sufragio universal.

Comparten ellos mismos e inculcan al pueblo la falsa idea de que el sufragio universal es, «en el Estado actual», un medio capaz de expresar realmente la voluntad de la mayoría de los trabajadores y de garantizar su efectividad práctica.

Aquí no podemos hacer más que señalar esta idea mentirosa, poner de manifiesto que esta afirmación de Engels completamente clara, precisa y concreta, se falsea a cada paso en la propaganda y en la agitación de los partidos socialistas «oficiales» (es decir, oportunistas). Una explicación minuciosa de toda la falsedad de esta idea, rechazada aquí por Engels, la encontraremos más adelante, en nuestra exposición de los puntos de vista de Marx y Engels sobre el Estado «actual».

En la más popular de sus obras, Engels traza el resumen general de sus puntos de vista en los siguientes términos:

«Por tanto, el Estado no ha existido eternamente. Ha habido sociedades que se las arreglaron sin él, que no tuvieron la menor noción del Estado ni del Poder estatal. Al llegar a una determinada fase del desarrollo económico, que estaba ligada necesariamente a la división de la sociedad en clases, esta división hizo que el Estado se convirtiese en una necesidad. Ahora nos acercamos con paso veloz a una fase de desarrollo de la producción en que la existencia de estas clases no sólo deja de ser una necesidad, sino que se convierte en un obstáculo directo para la producción. Las clases desaparecerán de un modo tan inevitable como surgieron en su día. Con la desaparición de las clases, desaparecerá inevitablemente el Estado. La sociedad, reorganizando de un modo nuevo la producción sobre la base de una asociación libre e igual de productores, enviará toda la máquina del Estado al lugar que entonces le ha de

corresponder: al museo de antigüedades, junto a la rueca y al hacha de bronce».

No se encuentra con frecuencia esta cita en las obras de propaganda y agitación de la socialdemocracia contemporánea. Pero incluso cuando nos encontramos con ella es, casi siempre, como si se hiciesen reverencias ante un icono; es decir, para rendir un homenaje oficial a Engels, sin el menor intento de analizar qué amplitud y profundidad revolucionarias supone esto de «enviar toda la máquina del Estado al museo de antigüedades». No se ve, en la mayoría de los casos, ni siquiera la comprensión de lo que Engels llama la máquina del Estado.

4. LA «EXTINCIÓN» DEL ESTADO Y LA REVOLUCIÓN VIOLENTA

Las palabras de Engels sobre la «extinción» del Estado gozan de tanta celebridad y se citan con tanta frecuencia, muestran con tanto relieve dónde está el quid de la adulteración corriente del marxismo por la cual éste es adaptado al oportunismo, que se hace necesario detenerse a examinarlas detalladamente. Citaremos todo el pasaje donde figuran estas palabras:

«El proletariado toma en sus manos el Poder del Estado y comienza por convertir los medios de producción en propiedad del Estado. Pero con este mismo acto se destruye a sí mismo como proletariado y destruye toda diferencia y todo antagonismo de clases, y, con ello mismo, el Estado como tal. La sociedad hasta el presente, movida entre los antagonismos de clase, ha necesitado del Estado, o sea de una organización de la correspondiente clase explotadora para mantener las condiciones exteriores de producción, y por tanto, particularmente para mantener por la fuerza a la clase explotada en las condiciones de opresión (la esclavitud, la

servidumbre o el vasallaje y el trabajo asalariado), determinadas por el modo de producción existente. El Estado era el representante oficial de toda la sociedad, su síntesis en un cuerpo social visible; pero lo era sólo como Estado de la clase que en su época representaba a toda la sociedad: en la antigüedad era el Estado de los ciudadanos esclavistas; en la Edad Media el de la nobleza feudal; en nuestros tiempos es el de la burguesía. Cuando el Estado se convierta finalmente en representante efectivo de toda la sociedad, será por sí mismo superfluo. Cuando ya no exista ninguna clase social a la que haya que mantener en la opresión; cuando desaparezcan, junto con la dominación de clase, junto con la lucha por la existencia individual, engendrada por la actual anarquía de la producción, los choques y los excesos resultantes de esta lucha, no habrá ya nada que reprimir ni hará falta, por tanto, esa fuerza especial de represión, el Estado. El primer acto en que el Estado se manifiesta efectivamente como representante de toda la sociedad: la toma de posesión de los medios de producción en nombre de la sociedad, es a la par su último acto independiente como Estado. La intervención de la autoridad del Estado en las relaciones sociales se hará superflua en un campo tras otro de la vida social y se adormecerá por sí misma. El gobierno sobre las personas es sustituido por la administración de las cosas y por la dirección de los procesos de producción. El Estado no será 'abolido'; se extingue. Partiendo de esto es como hay que juzgar el valor de esa frase sobre el 'Estado popular libre' en lo que toca a su justificación provisional como consigna de agitación y en lo que se refiere a su falta absoluta de fundamento científico. Partiendo de esto es también como debe ser considerada la exigencia de los llamados anarquistas de que el Estado sea abolido de la noche a la mañana» («Anti-Dühring» o «La subversión de la ciencia por el señor Eugenio Dühring», págs. 301-303 de la tercera edición alemana).

Sin temor a equivocarnos, podemos decir que de estos pensamientos sobremanera ricos, expuestos aquí por Engels, lo único que ha pasado a ser verdadero patrimonio del pensamiento socialista, en los partidos socialistas actuales, es la tesis de que el Estado, según Marx, «se extingue», a diferencia de la doctrina anarquista de la «abolición» del Estado. Truncar así el marxismo equivale a reducirlo al oportunismo, pues con esta «interpretación» no queda en pie más que una noción confusa de un cambio lento, paulatino, gradual, sin saltos ni tormentas, sin revoluciones. Hablar de «extinción» del Estado, en un sentido corriente, generalizado, de masas, si cabe decirlo así, equivale indudablemente a esfumar, si no a negar, la revolución.

Además, semejante «interpretación» es la más tosca tergiversación del marxismo, tergiversación que sólo favorece a la burguesía y que descansa teóricamente en la omisión de circunstancias y consideraciones importantísimas que se indican, por ejemplo, en el «resumen» contenido en el pasaje de Engels, citado aquí por nosotros en su integridad.

En primer lugar, Engels dice en el comienzo mismo de este pasaje que, al tomar el Poder del Estado, el proletariado «destruye, con ello mismo, el Estado como tal». «No es uso» pararse a pensar qué significa esto. Lo corriente es ignorarlo en absoluto o considerarlo algo así como una «debilidad hegeliana» de Engels. En realidad, en estas palabras se expresa concisamente la experiencia de una de las más grandes revoluciones proletarias, la experiencia de la Comuna de París de 1871, de la cual hablaremos detalladamente en su lugar. En realidad, Engels habla aquí de la «destrucción» del Estado de la burguesía por la revolución proletaria, mientras que las palabras relativas a la extinción del Estado se refieren a los restos del Estado proletario después de la revolución socialista. El Estado burgués no se «extingue», según Engels, sino que *es destruido* por el proletariado en la revolución. El que se extingue, después de esta revolución, es el Estado o semi-Estado proletario.

En segundo lugar, el Estado es una «fuerza especial de represión». Esta magnífica y profundísima definición de Engels es dada aquí por éste con la más completa claridad.

Y de ella se deduce que la «fuerza especial de represión» del proletariado por la burguesía, de millones de trabajadores por un puñado de ricachos, debe sustituirse por una «fuerza especial de represión» de la burguesía por el proletariado (dictadura del proletariado). En esto consiste precisamente la «destrucción del Estado como tal». En esto consiste precisamente el «acto» de la toma de posesión de los medios de producción en nombre de la sociedad. Y es de suyo evidente que semejante sustitución de una «fuerza especial» (la burguesa) por otra (la proletaria) ya no puede operarse, en modo alguno, bajo la forma de «extinción».

En tercer lugar, Engels, al hablar de la «extinción» y —con frase todavía más plástica y colorida— del «adormecimiento» del Estado, se refiere con absoluta claridad y precisión a la época posterior a la «toma de posesión de los medios de producción por el Estado en nombre de toda la sociedad», es decir, posterior a la revolución socialista.

Todos nosotros sabemos que la forma política del «Estado», en esta época, es la democracia más completa. Pero a ninguno de los oportunistas que tergiversan desvergonzadamente el marxismo se le viene a las mientes la idea de que, por consiguiente, Engels hable aquí del «adormecimiento» y de la «extinción» de la democracia. Esto parece, a primera vista, muy extraño. Pero esto sólo es «incomprensible» para quien no haya comprendido que la democracia también es un Estado y que, consiguientemente, la democracia también desaparecerá cuando desaparezca el Estado. El Estado burgués sólo puede ser «destruido» por la revolución.

El Estado en general, es decir, la más completa democracia, sólo puede «extinguirse».

En cuarto lugar, al establecer su notable tesis de la «extinción del Estado», Engels declara a renglón seguido, de un modo concreto, que esta tesis se dirige tanto contra los oportunistas, como contra los anarquistas. Además, Engels coloca en primer plano la conclusión que, derivada de su tesis sobre la «extinción del Estado», se dirige contra los oportunistas.

Podría apostarse que de diez mil hombres que hayan leído u oído hablar acerca de la «extinción» del Estado, nueve mil novecientos noventa no saben u olvidan en absoluto que Engels no dirigió solamente contra los anarquistas sus conclusiones derivadas de esta tesis. Y de las diez personas restantes, lo más probable es que nueve no sepan qué es el «Estado popular libre» y por qué el atacar esta consigna significa atacar a los oportunistas. ¡Así se escribe la Historia! Así se adapta de un modo imperceptible la gran doctrina revolucionaria al filisteísmo dominante. La conclusión contra los anarquistas se ha repetido miles de veces, se ha vulgarizado, se ha inculcado en las cabezas del modo más simplificado, ha adquirido la solidez de un prejuicio. ¡Pero la conclusión contra los oportunistas la han esfumado y «olvidado»!

El «Estado popular libre» era una reivindicación programática y una consigna corriente de los socialdemócratas alemanes en la década del 70. En esta consigna no hay el menor contenido político, fuera de una filistea y enfática descripción de la noción de democracia. Engels estaba dispuesto a «justificar», «por el momento», esta consigna desde el punto de vista de la agitación, por cuanto con ella se insinuaba legalmente la república democrática. Pero esta consigna era oportunista, porque expresaba no sólo el embellecimiento de la democracia burguesa, sino también la incomprensión de la crítica socialista de todo Estado en general. Nosotros somos partidarios de la república democrática, como la mejor forma de Estado para el proletariado bajo el capitalismo, pero no tenemos ningún derecho a olvidar que la esclavitud asalariada es el destino reservado al pueblo, incluso bajo la república burguesa más democrática. Más aún. Todo Estado es una «fuerza especial para la represión» de la clase oprimida. Por eso, todo Estado ni es libre ni es popular. Marx y Engels explicaron esto reiteradamente a sus camaradas de partido en la década del 70.

En quinto lugar, en esta misma obra de Engels, de la que todos citan el pasaje sobre la extinción del Estado, se contiene un pasaje sobre la importancia de la revolución violenta. El análisis histórico de su papel lo convierte Engels en un verdadero panegírico de la revolución violenta. Esto «nadie lo recuerda». Sobre la importancia de este pensamiento, no es uso hablar ni siquiera pensar en los partidos socialistas contemporáneos estos pensamientos no desempeñan ningún papel en la propaganda ni en la agitación cotidianas entre las masas. Y, sin embargo, se hallan indisolublemente unidos a la «extinción» del Estado y forman con ella un todo armónico.

He aquí el pasaje de Engels:

«... De que la violencia desempeña en la historia otro papel [además del de agente del mal], un papel revolucionario; de que, según la expresión de Marx, es la partera de toda vieja sociedad que lleva en sus entrañas otra nueva; de que la violencia es el instrumento con la ayuda del cual el movimiento social se abre camino y rompe las formas políticas muertas y fosilizadas, de todo eso no dice una palabra el señor Dühring. Sólo entre suspiros y gemidos admite la posibilidad de que para derrumbar el sistema de explotación sea necesaria acaso la violencia, desgraciadamente, afirma, pues el empleo de la misma, según él, desmoraliza a quien hace uso de ella. ¡Y esto se dice, a pesar del gran avance moral e intelectual, resultante de toda revolución victoriosa! Y esto se dice en Alemania, donde la colisión violenta que puede ser impuesta al pueblo tendría, cuando menos, la ventaja de destruir el espíritu de servilismo

que ha penetrado en la conciencia nacional como consecuencia de la humillación de la Guerra de los Treinta años. ¿Y estos razonamientos turbios, anodinos, impotentes, propios de un párroco rural, se pretende imponer al partido más revolucionario de la historia?» (Lugar citado, pág. 193, tercera edición alemana, final del IV capítulo, II parte).

¿Cómo es posible conciliar en una sola doctrina este panegírico de la revolución violenta, presentado con insistencia por Engels a los socialdemócratas alemanes desde 1878 hasta 1894, es decir, hasta los últimos días de su vida, con la teoría de la «extinción» del Estado?

Generalmente se concilian ambos pasajes con ayuda del eclecticismo, desgajando a capricho (o para complacer a los detentadores del Poder), sin atenerse a los principios o de un modo sofístico, ora uno ora otro argumento y haciendo pasar a primer plano, en el noventa y nueve por ciento de los casos, si no en más, precisamente la tesis de la «extinción». Se suplanta la dialéctica por el eclecticismo: es la actitud más usual y más generalizada ante el marxismo en la literatura socialdemócrata oficial de nuestros días. Estas suplantaciones no tienen, ciertamente, nada de nuevo; pueden observarse incluso en la historia de la filosofía clásica griega. Con la suplantación del marxismo por el oportunismo, el eclecticismo presentado como dialéctica engaña más fácilmente a las masas, les da una aparente satisfacción, parece tener en cuenta todos los aspectos del proceso, todas las tendencias del desarrollo, todas las influencias contradictorias, etc., cuando en realidad no da ninguna noción completa y revolucionaria del proceso del desarrollo social.

Ya hemos dicho más arriba, y demostraremos con mayor detalle en nuestra ulterior exposición, que la doctrina de Marx y Engels sobre el carácter inevitable de la revolución violenta se refiere al Estado burgués. Éste no puede sustituirse por el Estado proletario (por la dictadura del proletariado) mediante la «extinción», sino sólo, por regla general, mediante la revolución violenta. El panegírico que dedica Engels a ésta, y que coincide plenamente con reiteradas manifestaciones de Marx (recordaremos el final de *Miseria de la Filosofía* y del *Manifiesto Comunista* con la declaración orgullosa y franca sobre el carácter inevitable de la revolución violenta; recordaremos la *Crítica del Programa de Gotha*, en 1875, cuando ya habían pasado casi treinta años, y en la que Marx fustiga implacablemente el oportunismo de este programa[3]), este panegírico no tiene nada de «apasionamiento», nada de declamatorio, nada de arranque polémico. La necesidad de educar sistemáticamente a las masas en ésta, precisamente en esta idea sobre la revolución violenta, es algo básico en toda la doctrina de Marx y Engels. La traición cometida contra su doctrina por las corrientes socialchovinista y kautskiana hoy imperantes se manifiesta con singular relieve en el olvido por unos y otros de esta propaganda, de esta agitación.

La sustitución del Estado burgués por el Estado proletario es imposible sin una revolución violenta. La supresión del Estado proletario, es decir, la supresión de todo Estado, sólo es posible por medio de un proceso de «extinción».

Marx y Engels desarrollaron estas ideas de un modo minucioso y concreto, estudiando cada situación revolucionaria por separado, analizando las enseñanzas sacadas de la experiencia de cada revolución. Y esta parte de su doctrina, que es, incuestionablemente, la más importante, es la que pasamos a analizar.

---

3 Programa de Gotha: Programa del Partido Socialista Obrero de Alemania, aprobado en el Congreso de Gotha en 1875, al unirse los dos partidos socialistas alemanes existentes hasta entonces: el de los eisenachianos y el de los lassalleanos. El programa era completamente oportunista, pues los eisenachianos cedieron en todas las cuestiones importantes ante los lassalleanos y admitieron las tesis de éstos. Marx y Engels sometieron el Programa de Gotha a una crítica demoledora.

CAPÍTULO II

EL ESTADO Y LA REVOLUCIÓN. LA EXPERIENCIA DE LOS AÑOS 1848-1851

1. EN VÍSPERAS DE LA REVOLUCIÓN

Las primeras obras del marxismo maduro, *Miseria de la Filosofía* y el *Manifiesto Comunista*, datan precisamente de la víspera de la revolución de 1848. Esta circunstancia hace que en estas obras se contenga, hasta cierto punto, además de una exposición de los fundamentos generales del marxismo, el reflejo de la situación revolucionaria concreta de aquella época; por eso será, quizás, más conveniente examinar lo que los autores de esas obras dicen acerca del Estado, inmediatamente antes de examinar las conclusiones sacadas por ellos de la experiencia de los años 1848-1851.

«En el transcurso del desarrollo, la clase obrera —escribe Marx en Miseria de la Filosofía — sustituirá la antigua sociedad burguesa por una asociación que excluya a las clases y su antagonismo; y no existirá ya un Poder político propiamente dicho, pues el Poder político es precisamente la expresión oficial

del antagonismo de clase dentro de la sociedad burguesa» (pág. 182 de la edición alemana de 1885).

Es interesante confrontar con esta exposición general de la idea de la desaparición del Estado después de la supresión de las clases, la exposición que contiene el «Manifiesto Comunista», escrito por Marx y Engels algunos meses después, a saber, en noviembre de 1847:

«Al esbozar las fases más generales del desarrollo del proletariado, hemos seguido la guerra civil más o menos latente que existe en el seno de la sociedad vigente, hasta el momento en que se transforma en una revolución abierta y el proletariado, derrocando por la violencia a la burguesía, instaura su dominación...».

«... Ya dejamos dicho que el primer paso de la revolución obrera será la transformación [literalmente: elevación] del proletariado en clase dominante, la conquista de la democracia».

«El proletariado se valdrá de su dominación política para ir arrancando gradualmente a la burguesía todo el capital, para centralizar todos los instrumentos de producción en manos del Estado, es decir, del proletariado organizado como clase dominante, y para aumentar con la mayor rapidez posible las fuerzas productivas» (págs. 31 y 37 de la 7.ª edición alemana, de 1906).

Vemos aquí formulada una de las ideas más notables y más importantes del marxismo en la cuestión del Estado, a saber: la idea de la «dictadura del proletariado» (como comenzaron a denominarla Marx y Engels después de la Comuna de París) y asimismo la definición del Estado, interesante en el más alto grado, que se cuenta también entre las «palabras olvidadas» del marxismo: «El Estado, es decir, el proletariado organizado como clase dominante».

Esta definición del Estado no sólo no se explicaba nunca en la literatura imperante de propaganda y agitación de los partidos socialdemócratas oficiales, sino que, además, se la ha entregado expresamente al olvido, pues es del todo inconciliable con el reformismo y se da de bofetadas con los prejuicios oportunistas corrientes y las ilusiones filisteas con respecto al «desarrollo pacífico de la democracia».

El proletariado necesita el Estado, repiten todos los oportunistas, socialchovinistas y kautskianos asegurando que tal es la doctrina de Marx y «olvidándose» de añadir, primero, que, según Marx, el proletariado sólo necesita un Estado que se extinga, es decir, organizado de tal modo, que comience a extinguirse inmediatamente y que no pueda por menos de extinguirse; y, segundo, que los trabajadores necesitan un «Estado», «es decir, el proletariado organizado como clase dominante».

El Estado es una organización especial de la fuerza, es una organización de la violencia para la represión de una clase cualquiera. ¿Qué clase es la que el proletariado tiene que reprimir? Sólo es, naturalmente, la clase explotadora, es decir, la burguesía.

Los trabajadores sólo necesitan el Estado para aplastar la resistencia de los explotadores, y este aplastamiento sólo puede dirigirlo, sólo puede llevarlo a la práctica el proletariado, como la única clase consecuentemente revolucionaria, como la única clase capaz de unir a todos los trabajadores y explotados en la lucha contra la burguesía, por la completa eliminación de ésta.

Las clases explotadoras necesitan la dominación política para mantener la explotación, es decir, en interés egoísta de una minoría insignificante contra la mayoría inmensa del pueblo. Las clases explotadas necesitan la dominación política para destruir completamente toda explotación, es decir, en interés de la mayoría inmensa del pueblo contra la minoría insignificante de los esclavistas modernos, es decir, los terratenientes y capitalistas.

Los demócratas pequeñoburgueses, estos seudosocialistas que han sustituido la lucha de clases por sueños sobre la armonía de las clases, se han imaginado la transformación socialista también de un modo soñador, no como el derrocamiento de la dominación de la clase explotadora, sino como la sumisión pacífica de la minoría a la mayoría, que habrá adquirido conciencia de su misión. Esta utopía pequeñoburguesa, que va inseparablemente unida al reconocimiento de un Estado situado por encima de las clases, ha conducido en la práctica a la traición contra los intereses de las clases trabajadoras, como lo ha demostrado, por ejemplo, la historia de las revoluciones francesas de 1848 y 1871, y como lo ha demostrado la experiencia de la participación «socialista» en ministerios burgueses en Inglaterra, Francia, Italia y otros países a fines del siglo XIX y comienzos del XX.

Marx luchó durante toda su vida contra este socialismo pequeñoburgués, que hoy vuelve a renacer en Rusia en los partidos socialrevolucionario y menchevique. Marx desarrolló consecuentemente la doctrina de la lucha de clases hasta llegar a establecer la doctrina sobre el Poder político, sobre el Estado.

El derrocamiento de la dominación de la burguesía sólo puede llevarlo a cabo el proletariado, como clase especial cuyas condiciones económicas de existencia le preparan para ese derrocamiento y le dan la posibilidad y la fuerza de efectuarlo.

Mientras la burguesía desune y dispersa a los campesinos y a todas las capas pequeñoburguesas, cohesiona, une y organiza al proletariado. Sólo el proletariado —en virtud de su papel económico en la gran producción— es capaz de ser el jefe de todas las masas trabajadoras y explotadas, a quienes con frecuencia la burguesía explota, esclaviza y oprime no menos, sino más que a los proletarios, pero que no son capaces de luchar por su cuenta para alcanzar su propia liberación.

La doctrina de la lucha de clases, aplicada por Marx a la cuestión del Estado y de la revolución socialista, conduce necesariamente al reconocimiento de la dominación política del proletariado, de su dictadura, es decir, de un Poder no compartido con nadie y apoyado directamente en la fuerza armada de las masas. El derrocamiento de la burguesía sólo puede realizarse mediante la transformación del proletariado en clase dominante, capaz de aplastar la resistencia inevitable y desesperada de la burguesía y de organizar para el nuevo régimen económico a todas las masas trabajadoras y explotadas. El proletariado necesita el Poder del Estado, organización centralizada de la fuerza, organización de la violencia, tanto para aplastar la resistencia de los explotadores como para dirigir a la enorme masa de la población, a los campesinos, a la pequeña burguesía, a los semiproletarios, en la obra de «poner en marcha» la economía socialista.

Educando al Partido obrero, el marxismo educa a la vanguardia del proletariado, vanguardia capaz de tomar el Poder y de conducir a todo el pueblo al socialismo, de dirigir y organizar el nuevo régimen, de ser el maestro, el dirigente, el jefe de todos los trabajadores y explotados en la obra de construir su propia vida social sin burguesía y contra la burguesía. Por el contrario, el oportunismo hoy imperante educa en sus partidos obreros a los representantes de los obreros mejor pagados, que están apartados de las masas y se «arreglan» pasablemente bajo el capitalismo, vendiendo por un plato de lentejas su derecho de primogenitura, es decir, renunciando al papel de jefes revolucionarios del pueblo contra la burguesía.

«El Estado, es decir, el proletariado organizado como clase dominante»: esta teoría de Marx se halla inseparablemente vinculada a toda su doctrina acerca de la misión revolucionaria del proletariado en la historia. El coronamiento de ésta su misión es la dictadura proletaria, la dominación política del proletariado.

Pero si el proletariado necesita el Estado como organización especial de la violencia contra la burguesía, de aquí se desprende por sí misma la conclusión de si es concebible que pueda crearse una organización semejante sin destruir previamente, sin aniquilar aquella máquina estatal creada para sí por la burguesía. A esta conclusión lleva directamente el *Manifiesto Comunista*, y Marx habla de ella al hacer el balance de la experiencia de la revolución de 1848-1851.

2. EL BALANCE DE LA REVOLUCIÓN

En el siguiente pasaje de su obra *El 18 Brumario de Luis Bonaparte*, Marx hace el balance de la revolución de 1848-1851, respecto a la cuestión del Estado, que es el que aquí nos interesa:

Pero la revolución es radical. Está pasando todavía por el purgatorio. Cumple su tarea con método. Hasta el 2 de diciembre de 1851 [día del golpe de Estado de Luis Bonaparte] había terminado la mitad de su labor preparatoria; ahora, termina la otra mitad. Lleva primero a la perfección el Poder parlamentario, para poder derrotarlo. Ahora, conseguido ya esto, lleva a la perfección el Poder ejecutivo, lo reduce a su más pura expresión, lo aísla, se enfrenta con él, con el único objeto de concentrar contra él todas las fuerzas de destrucción [subrayado por nosotros]. Y cuando la revolución haya llevado a cabo esta segunda parte de su labor preliminar, Europa se levantará y gritará jubilosa: ¡bien has hozado, viejo topo!

Este Poder ejecutivo, con su inmensa organización burocrática y militar, con su compleja y artificiosa maquinaria de Estado, un ejército de funcionarios que suma medio millón de hombres, junto a un ejército de otro medio millón de hombres, este espantoso organismo parasitario que se ciñe como una red al cuerpo de la sociedad francesa y la tapona todos los poros, surgió en la época de la monarquía absoluta, de la decadencia del régimen feudal, que dicho organismo contribuyó a acelerar. La primera revolución francesa desarrolló la centralización, «pero al mismo tiempo amplió el volumen, las atribuciones y el número de servidores del Poder del gobierno. Napoleón perfeccionó esta máquina del Estado». La monarquía legítima y la monarquía de julio «no añadieron nada más que una mayor división del trabajo...».

«... Finalmente, la república parlamentaria, en su lucha contra la revolución, viose obligada a fortalecer, junto con las medidas represivas, los medios y la centralización del Poder del gobierno. Todas las revoluciones perfeccionaban esta máquina, en vez de destrozarla. Los partidos que luchaban alternativamente por la dominación, consideraban la toma de posesión de este inmenso edificio del Estado como el botín principal del vencedor» (El 18 Brumario de Luis Bonaparte, págs. 98-99, 4a ed., Hamburgo, 1907).

En este notable pasaje, el marxismo avanza un trecho enorme en comparación con el «Manifiesto Comunista». Allí, la cuestión del Estado planteábase todavía de un modo extremadamente abstracto, operando con las nociones y las expresiones más generales. Aquí, la cuestión se plantea ya de un modo concreto, y la conclusión a que se llega es extraordinariamente precisa, definida, prácticamente tangible: todas las revoluciones anteriores perfeccionaron la máquina del Estado, y lo que hace falta es romperla, destruirla.

Esta conclusión es lo principal, lo fundamental, en la doctrina del marxismo sobre el Estado. Y precisamente esto, que es lo fundamental, es lo que no sólo ha sido olvidado completamente por los partidos socialdemócratas oficiales imperantes, sino lo que ha sido evidentemente tergiversado (como veremos más abajo) por el más destacado teórico de la II Internacional, C. Kautsky.

En el *Manifiesto Comunista* se resumen los resultados generales de la historia, que nos obligan a ver en el Estado un órgano de dominación de clase y nos llevan a la conclusión necesaria de que el proletariado no puede derrocar a la burguesía si no empieza por conquistar el Poder político, si no logra la dominación política, si no transforma el Estado en el «proletariado organizado como clase dominante», y de que este Estado proletario comienza a extinguirse inmediatamente después de su triunfo, pues en una sociedad sin contradicciones de clase el Estado es innecesario e imposible.

Pero aquí no se plantea la cuestión de cómo deberá realizarse —desde el punto de vista del desarrollo histórico— esta sustitución del Estado burgués por el Estado proletario.

Esta cuestión es precisamente la que Marx plantea y resuelve en 1852. Fiel a su filosofía del materialismo dialéctico, Marx toma como base la experiencia histórica de los grandes años de la revolución, de los años 1848-1851. Aquí, como siempre, la doctrina de Marx es un resumen de la experiencia, iluminado por una profunda concepción filosófica del mundo y por un rico conocimiento de la historia.

La cuestión del Estado se plantea de un modo concreto: ¿cómo ha surgido históricamente el Estado burgués, la máquina del Estado que necesita para su dominación la burguesía? ¿Cuáles han sido sus cambios, cuál su evolución en el transcurso de las revoluciones burguesas y ante las acciones independientes de las clases oprimidas? ¿Cuáles son las tareas del proletariado en lo tocante a esta máquina del Estado?

El Poder estatal centralizado, característico de la sociedad burguesa, surgió en la época de la caída del absolutismo. Dos son las instituciones más características de esta máquina del Estado: la burocracia y el ejército permanente. En las obras de Marx y Engels se habla reiteradas veces de los miles de hilos que vinculan a estas instituciones precisamente con la burguesía. La experiencia de todo obrero revela estos vínculos de un modo extraordinariamente evidente y sugeridor. La clase obrera aprende en su propia carne a comprender estos vínculos, por eso, capta tan fácilmente y se asimila tan bien la ciencia del carácter inevitable de estos vínculos, ciencia que los demócratas pequeñoburgueses niegan por ignorancia y por frivolidad, o reconocen, todavía de un modo más frívolo, «en términos generales», olvidándose de sacar las conclusiones prácticas correspondientes.

La burocracia y el ejército permanente son un «parásito» adherido al cuerpo de la sociedad burguesa, un parásito engendrado por las contradicciones internas que dividen a esta sociedad, pero, precisamente, un parásito que «tapona» los poros vitales. El oportunismo kautskiano imperante hoy en la socialdemocracia oficial considera patrimonio especial y exclusivo del anarquismo la idea del Estado como un organismo parasitario. Se comprende que esta tergiversación del marxismo sea extraordinariamente ventajosa para esos filisteos que han llevado el socialismo a la ignominia inaudita de justificar y embellecer la guerra imperialista mediante la aplicación a ésta del concepto de la «defensa de la patria», pero es, a pesar de todo, una tergiversación indiscutible.

A través de todas las revoluciones burguesas vividas en gran número por Europa desde los tiempos de la caída del feudalismo, este aparato burocrático y militar va desarrollándose, perfeccionándose y afianzándose. En particular, es precisamente la pequeña burguesía la que se pasa al lado de la gran burguesía y se somete a ella en una medida considerable por medio de este aparato, que suministra a las capas altas de los campesinos, pequeños artesanos, comerciantes, etc., puestecitos relativamente cómodos, tranquilos y honorables, que colocan a sus poseedores por encima del pueblo. Fijaos en lo ocurrido en Rusia en el medio año transcurrido desde el 27 de febrero de 1917: los cargos burocráticos, que antes se adjudicaban preferentemente a los miembros de las centurias negras, se han convertido en botín de kadetes, mencheviques y socialrevolucionarios. En el fondo, no se pensaba en ninguna reforma seria, esforzándose por aplazadas «hasta la Asamblea Constituyente», y aplazando poco a poco la Asamblea Constituyente ¡hasta el final de la guerra! ¡Pero para el reparto del botín, para la ocupación de los puestecitos de ministros, subsecretarios, gobernadores generales, etc., etc., no se dio largas ni se esperó a ninguna Asamblea Constituyente! El juego en torno a combinaciones para formar gobierno no era, en el fondo, más que la expresión de este reparto y reajuste del «botín», que se hacía arriba y abajo, por todo el país, en toda la administración, central y local. El balance, un balance objetivo, del medio año que va desde el 27 de febrero al 27 de agosto de 1917 es indiscutible: las reformas se aplazaron, se efectuó el reparto de los puestecitos burocráticos, y los «errores» del reparto se corrigieron mediante algunos reajustes.

Pero cuanto más se procede a estos «reajustes» del aparato burocrático entre los distintos partidos burgueses y pequeñoburgueses (entre los kadetes, socialrevolucionarios y mencheviques, si nos atenemos al ejemplo ruso), con tanta mayor claridad ven las clases oprimidas, y a la cabeza de ellas el proletariado, su hostilidad irreconciliable contra toda la sociedad burguesa. De aquí la necesidad, para todos los partidos burgueses, incluyendo a los más democráticos y «revolucionario-democráticos», de reforzar la represión contra el proletariado revolucionario, de fortalecer el aparato de represión, es decir, la misma máquina del Estado. Esta marcha de los acontecimientos obliga a la revolución «a concentrar todas las fuerzas de destrucción» contra el Poder estatal, la obliga a proponerse como objetivo, no el perfeccionar la máquina del Estado, sino el destruirla, el aplastarla.

No fue la deducción lógica, sino el desarrollo real de los acontecimientos, la experiencia viva de los años 1848-1851, lo que condujo a esta manera de plantear la cuestión. Hasta qué punto se atiene Marx rigurosamente a la base efectiva de la experiencia histórica, se ve teniendo en cuenta que en 1852 Marx no plantea todavía el problema concreto de saber con qué se va a sustituir esta máquina del Estado que ha de ser destruida. La experiencia no suministraba todavía entonces los materiales para esta cuestión, que la historia puso al orden del día más tarde, en 1871. En 1852, con la precisión del observador que investiga la historia natural, sólo podía registrarse una cosa: que la revolución proletaria había de abordar la tarea de «concentrar todas las fuerzas de destrucción» contra el Poder estatal, la tarea de «romper» la máquina del Estado.

Aquí puede surgir esta pregunta: ¿Es justo generalizar la experiencia, las observaciones y las conclusiones de Marx, aplicándolas a zonas más amplias que la historia de Francia en los tres años que van de 1848 a 1851? Para examinar esta pregunta, comenzaremos recordando una observación de Engels y pasaremos luego a los hechos. «Francia —escribía Engels en el prólogo a la tercera edición del 18 Brumario— es el país en el que las luchas históricas de clases se han llevado cada vez a su término decisivo más que en ningún otro sitio y donde, por tanto, las formas políticas variables dentro de las que se han movido estas luchas de clases y en las que han encontrado su expresión los resultados de las mismas, y en las que se condensan sus resultados, adquieren también los contornos más acusados. Centro del feudalismo en la Edad Media y país modelo de la monarquía unitaria corporativa desde el Renacimiento, Francia pulverizó el feudalismo en la gran revolución e instauró la dominación pura de la burguesía bajo una forma clásica como ningún otro país de Europa. También la lucha del proletariado que se alza contra la burguesía dominante reviste aquí una forma violenta, desconocida en otros países» (pág. 4, ed. de 1907).

La última observación está anticuada, ya que a partir de 1871 se ha operado una interrupción en la lucha revolucionaria del proletariado francés, si bien esta interrupción, por mucho que dure, no excluye, en modo alguno, la posibilidad de que, en la próxima revolución proletaria, Francia se revele como el país clásico de la lucha de clases hasta su final decisivo.

Pero echemos una ojeada general a la historia de los países adelantados a fines del siglo XIX y comienzos del XX. Veremos que, de un modo más lento, más variado, y en un campo de acción mucho más extenso, se desarrolla el mismo proceso: de una parte, la formación del «Poder parlamentario», lo mismo en los países republicanos (Francia, Norteamérica, Suiza) que en los monárquicos (Inglaterra, Alemania hasta cierto punto, Italia, los Países Escandinavos, etc.); de otra parte, la lucha por el Poder entre los distintos partidos burgueses y pequeñoburgueses, que se reparten y se vuelven a repartir el «botín» de los puestos burocráticos, dejando intangibles las bases del régimen burgués; y finalmente, el perfeccionamiento y fortalecimiento del «Poder ejecutivo», de su aparato burocrático y militar.

No cabe la menor duda de que éstos son los rasgos generales que caracterizan toda la evolución moderna de los Estados capitalistas en general. En el transcurso de tres años, de 1848 a 1851, Francia reveló, en una forma rápida, tajante, concentrada, los mismos procesos de desarrollo característicos de todo el mundo capitalista.

Y en particular el imperialismo, la época del capital bancario, la época de los gigantescos monopolios capitalistas, la época de transformación del capitalismo monopolista en capitalismo monopolista de Estado, revela un extraordinario fortalecimiento de la «máquina del Estado», un desarrollo inaudito de su aparato burocrático y militar, en relación con el aumento de la represión contra el proletariado, así en los países monárquicos como en los países republicanos más libres.

Indudablemente, en la actualidad, la historia del mundo conduce, en proporciones incomparablemente más amplias que en 1852, a la «concentración de todas las fuerzas» de la revolución proletaria para la «destrucción» de la máquina del Estado.

¿Con qué ha de sustituir el proletariado esta máquina? La Comuna de París nos suministra los materiales más instructivos a este respecto.

3. CÓMO PLANTEABA MARX LA CUESTIÓN EN 1852[4]

En 1907, publicó Mehring en la revista «Neue Zeit[5]» (XXV, 2, pág. 164) extractos de una carta de Marx a Weydemeyer, del 5 de marzo de 1852. Esta carta contiene, entre otros, el siguiente notable pasaje:

«Por lo que a mí se refiere, no me caben ni el mérito de haber descubierto la existencia de las clases en la sociedad moderna, ni el de haber descubierto la lucha entre ellas. Mucho antes que

---

4 Añadido a la segunda edición.

5 Die Neue Zeit (Tiempos nuevos): Revista socialdemócrata alemana. Se publicaba en Stuttgart (1883-1923). Desde 1885 hasta 1895, Die Neue Zeit insertó algunos artículos de Federico Engels quien daba frecuentes indicaciones a la redacción de la revista y criticaba con acritud sus desviaciones del marxismo. A partir de la segunda mitad de la década del 90, después de la muerte de Engels, Die Neue Zeit comenzó a publicar regularmente artículos de elementos revisionistas. Durante la guerra imperialista mundial (1914-1918), ocupó una posición centrista, kautskiana, apoyando a los socialchovinistas.

yo, algunos historiadores burgueses habían expuesto el desarrollo histórico de esta lucha de clases y algunos economistas burgueses la anatomía económica de las clases. Lo que yo aporté de nuevo fue demostrar: 1) que la existencia de las clases sólo va unida a determinadas fases históricas de desarrollo de la producción (historische Entwicklungsphasen der Produktion); 2) que la lucha de clases conduce, necesariamente, a la dictadura del proletariado; 3) que esta misma dictadura no es de por sí más que el tránsito hacia la abolición de todas las clases y hacia una sociedad sin clases».

En estas palabras, Marx consiguió expresar de un modo asombrosamente claro dos cosas: primero, la diferencia fundamental y cardinal entre su doctrina y las doctrinas de los pensadores avanzados y más profundos de la burguesía, y segundo, la esencia de su teoría del Estado.

Lo fundamental en la doctrina de Marx es la lucha de clases. Así se dice y se escribe con mucha frecuencia. Pero esto no es exacto. De esta inexactitud se deriva con gran frecuencia la tergiversación oportunista del marxismo, su falseamiento en un sentido aceptable para la burguesía. En efecto, la doctrina de la lucha de clases no fue creada por Marx, sino por la burguesía, antes de Marx, y es, en términos generales, aceptable para la burguesía. Quien reconoce solamente la lucha de clases no es aún marxista, puede mantenerse todavía dentro del marco del pensamiento burgués y de la política burguesa. Circunscribir el marxismo a la doctrina de la lucha de clases es limitar el marxismo, bastardearlo, reducirlo a algo que la burguesía puede aceptar. Marxista sólo es el que hace extensivo el reconocimiento de la lucha de clases al reconocimiento de la dictadura del proletariado. En esto es en lo que estriba la más profunda diferencia entre un marxista y un pequeño (o un gran) burgués adocenado. En esta piedra de toque es en la que hay que contrastar la comprensión y el reconocimiento real del marxismo. Y no tiene nada de sorprendente que cuando la historia de Europa ha colocado prácticamente a la clase obrera ante esta cuestión, no sólo todos los oportunistas y reformistas, sino también todos los «kautskianos» (gentes que vacilan entre el reformismo y el marxismo) hayan resultado ser miserables filisteos y demócratas pequeñoburgueses, que niegan la dictadura del proletariado. El folleto de Kautsky *La dictadura del proletariado*, publicado en agosto de 1918, es decir, mucho después de aparecer la primera edición del presente libro, es un modelo de tergiversación filistea del marxismo, del que de hecho se reniega ignominiosamente, aunque se le acate hipócritamente de palabra. (Véase mi folleto *La revolución proletaria y el renegado Kautsky*, Petrogrado y Moscú, 1918).

El oportunismo de nuestros días, personificado por su principal representante, el ex-marxista C. Kautsky, cae de lleno dentro de la característica de la posición burguesa que traza Marx y que hemos citado, pues este oportunismo circunscribe el terreno del reconocimiento de la lucha de clases al terreno de las relaciones burguesas. (¡Y dentro de este terreno, dentro de este marco, ningún liberal culto se negaría a reconocer, «en principio», la lucha de clases!) El oportunismo no extiende el reconocimiento de la lucha de clases precisamente a lo más fundamental, al período de transición del capitalismo al comunismo, al período de derrocamiento de la burguesía y de completa destrucción de ésta. En realidad, este período es inevitablemente un período de lucha de clases de un encarnizamiento sin precedentes, en que ésta reviste formas agudas nunca vistas, y, por consiguiente, el Estado de este período debe ser inevitablemente un Estado democrático de una manera nueva (para los proletarios y los desposeídos en general) y dictatorial de una manera nueva (contra la burguesía).

Además, la esencia de la teoría de Marx sobre el Estado sólo la ha asimilado quien haya comprendido que la dictadura de una clase es necesaria, no sólo para toda sociedad de clases en general, no sólo para el proletariado después de derrocar a la burguesía, sino también para todo el período histórico que separa al capitalismo de la «sociedad sin clases», del comunismo. Las formas de los Estados burgueses son extraordinariamente diversas, pero su esencia es la misma: todos esos Estados son, bajo una forma o bajo otra, pero, en último resultado, necesariamente, una dictadura de la burguesía. La transición del capitalismo al comunismo no puede, naturalmente, por menos de proporcionar una enorme abundancia y diversidad de formas políticas, pero la esencia de todas ellas será, necesariamente, una: la dictadura del proletariado.

CAPÍTULO III

EL ESTADO Y LA REVOLUCIÓN. LA EXPERIENCIA DE LA COMUNA DE PARÍS DE 1871. EL ANÁLISIS DE MARX

1. ¿EN QUÉ CONSISTE EL HEROÍSMO DE LA TENTATIVA DE LOS COMUNEROS?

Es sabido que algunos meses antes de la Comuna, en el otoño de 1870, Marx previno a los obreros de París; demostrándoles que la tentativa de derribar el gobierno sería un disparate dictado por la desesperación. Pero cuando en marzo de 1871 se impuso a los obreros el combate decisivo y ellos lo aceptaron, cuando la insurrección fue un hecho, Marx saludó la revolución proletaria con el más grande entusiasmo, a pesar de todos los malos augurios. Marx no se aferró a la condena pedantesca de un movimiento «extemporáneo», como el tristemente célebre renegado ruso del marxismo Plejánov, que en noviembre de 1905 había escrito alentando a la lucha a los obreros y campesinos y que después de diciembre de 1905 se puso a gritar como un liberal cualquiera: «¡No se debía haber empuñado las armas!». Marx, por el contrario, no se contentó con entusiasmarse ante el heroísmo de los comuneros, que, según sus palabras, «tomaban el cielo por asalto». Marx veía en aquel movimiento revolucionario de masas, aunque éste no llegó a alcanzar sus objetivos, una experiencia histórica de grandiosa importancia, un cierto paso hacia adelante de la revolución proletaria mundial, un paso práctico más importante que cientos de programas y de raciocinios. Analizar esta experiencia, sacar de ella las enseñanzas tácticas, revisar a la luz de ella su teoría: he aquí cómo concebía su misión Marx.

La única «corrección» que Marx consideró necesario introducir en el *Manifiesto Comunista* fue hecha por él a base de la experiencia revolucionaria de los comuneros de París.

El último prólogo a la nueva edición alemana del *Manifiesto Comunista*, suscrito por sus dos autores, lleva la fecha de 24 de junio de 1872. En este prólogo, los autores, Carlos Marx y Federico Engels, dicen que el programa del *Manifiesto Comunista* está «ahora anticuado en ciertos puntos».

*... La Comuna ha demostrado, sobre todo —continúan—, que *la clase obrera no puede simplemente tomar posesión de la máquina estatal existente y ponerla en marcha para sus propios fines*...*

Las palabras puestas entre asteriscos, en esta cita, fueron tomadas por sus autores de la obra de Marx *La guerra civil en Francia*.

Así, pues, Marx y Engels atribuían una importancia tan gigantesca a esta enseñanza fundamental y principal de la Comuna de Paris, que la introdujeron como corrección esencial en el *Manifiesto Comunista*.

Es sobremanera característico que precisamente esta corrección esencial haya sido tergiversada por los oportunistas y que su sentido sea, probablemente, desconocido de las nueve décimas partes, si no del noventa y nueve por ciento de los lectores del *Manifiesto Comunista*. De esta tergiversación trataremos en detalle más abajo, en el capítulo consagrado especialmente a las tergiversaciones. Aquí, bastará señalar que la manera corriente, vulgar, de «entender» las notables palabras de Marx citadas por nosotros consiste en suponer que Marx subraya aquí la idea del desarrollo lento, por oposición a la toma del Poder por la violencia, y otras cosas por el estilo.

En realidad, es precisamente lo contrario. El pensamiento de Marx consiste en que la clase obrera debe destruir, romper la «máquina estatal existente» y no limitarse simplemente a apoderarse de ella.

El 12 de abril de 1871, es decir, justamente en plena Comuna, Marx escribió a Kugelmann:

«Si te fijas en el último capítulo de mi '18 Brumario', verás que expongo como próxima tentativa de la revolución francesa, no hacer pasar de unas manos a otras la máquina burocrático-militar, como se venía haciendo hasta ahora, sino romperla [subrayado por Marx; en el original zerbrechen], y ésta es justamente la condición previa de toda verdadera revolución popular en el continente. En esto, precisamente, consiste la tentativa de nuestros heroicos camaradas de Paris» (pág. 709 de la revista Neue Zeit, t. XX, I, año 1901-1902). (Las cartas de Marx a Kugelmann han sido publicadas en ruso no menos que en dos ediciones, una de ellas redactada por mí y con un prólogo mío).

En estas palabras: «romper la máquina burocrático-militar del Estado», se encierra, concisamente expresada, la enseñanza fundamental del marxismo en punto a la cuestión de las tareas del proletariado en la revolución respecto al Estado. ¡Y esta enseñanza es precisamente la que no sólo olvida en absoluto, sino que tergiversa directamente la «interpretación» imperante, kautskiana, del marxismo!

En cuanto a la referencia de Marx al *18 Brumario*, más arriba hemos citado en su integridad el pasaje correspondiente.

Interesa señalar especialmente dos lugares en el mencionado pasaje de Marx. En primer término, Marx limita su conclusión al continente. Esto era lógico en 1871, cuando Inglaterra era todavía un modelo de país netamente capitalista, pero sin militarismo y, en una medida considerable, sin burocracia. Por eso, Marx excluía a Inglaterra, donde la revolución, e incluso una revolución popular, se consideraba y era entonces posible sin la condición previa de destruir «la máquina estatal existente». Hoy, en 1917, en la época de la primera gran guerra imperialista, esta limitación hecha por Marx no tiene razón de ser. Inglaterra y Norteamérica, los más grandes y los últimos representantes —en el mundo entero— de la «libertad» anglosajona, en el sentido de ausencia de militarismo y de burocratismo, han ido rodando completamente al inmundo y sangriento pantano, común a toda Europa, de las instituciones burocrático-militares, que todo lo someten y lo aplastan. Hoy, también en Inglaterra y en Norteamérica es «condición previa de toda revolución verdaderamente popular» el romper, el destruir la «máquina estatal existente» (y que allí ha alcanzado, en los años de 1914 a 1917, la perfección «europea», la perfección común al imperialismo).

En segundo lugar, merece especial atención la observación extraordinariamente profunda de Marx de que la destrucción de la máquina burocrático-militar del Estado es «condición previa de toda revolución verdaderamente popular».

Este concepto de revolución «popular» parece extraño en boca de Marx, y los plejanovistas y mencheviques rusos, estos secuaces de Struve que quieren hacerse pasar por marxistas, podrían tal vez explicar esta expresión de Marx como un «lapsus». Han reducido el marxismo a una deformación liberal tan mezquina, que, para ellos, no existe más que la antítesis entre revolución burguesa y proletaria, y hasta esta antítesis la comprenden de un modo increíblemente escolástico.

Si tomamos como ejemplos las revoluciones del siglo XX, tendremos que reconocer como burguesas, naturalmente, también las revoluciones portuguesa y turca. Pero ni la una ni la otra son revoluciones «populares», pues ni en la una ni en la otra actúa perceptiblemente, de un modo activo, por propia iniciativa, con sus propias reivindicaciones económicas y políticas, la masa del pueblo, la inmensa mayoría de éste. En cambio, la revolución burguesa rusa de 1905 a 1907, aunque no registrase éxitos tan «brillantes» como los que alcanzaron en ciertos momentos las revoluciones portuguesa y turca, fue, sin duda, una revolución «verdaderamente popular», pues la masa del pueblo, la mayoría de éste, las «más bajas capas» sociales, aplastadas por el yugo y la explotación, levantáronse por propia iniciativa, estamparon en todo el curso de la revolución el sello de sus reivindicaciones, de sus intentos de construir a su modo una nueva sociedad en lugar de la sociedad vieja que era destruida.

En la Europa de 1871, el proletariado no formaba la mayoría ni en un solo país del continente. Una revolución «popular», que arrastrase al movimiento verdaderamente a la mayoría, sólo podía serlo aquella que abarcase tanto al proletariado como a los campesinos. Ambas clases formaban en aquel entonces el «pueblo». Ambas clases están unidas por el hecho de que la «máquina burocrático-militar del Estado» las oprime, las esclaviza, las explota. Destruir, romper esta máquina: tal es el verdadero interés del «pueblo», de su mayoría, de los obreros y de la mayoría de los campesinos, tal es la «condición previa» para una alianza libre de los campesinos pobres con los proletarios, sin cuya alianza la democracia será precaria, y la transformación socialista, imposible.

Hacia esta alianza precisamente se abría camino, como es sabido, la Comuna de París, si bien no alcanzó su objetivo por una serie de causas de carácter interno y externo.

Consiguientemente, al hablar de una «revolución verdaderamente popular», Marx, sin olvidar para nada las características de la pequeña burguesía (de las cuales habló mucho y con frecuencia), tenía en cuenta con la mayor precisión la correlación efectiva de clases en la mayoría de los Estados continentales de Europa, en 1871. Y, de otra parte, constataba que la «destrucción» de la máquina estatal responde a los intereses de los obreros y campesinos, los une, plantea ante ellos la tarea común de suprimir al «parásito» y sustituirlo por algo nuevo.

¿Pero con qué sustituirlo concretamente?

2. ¿CON QUÉ SUSTITUIR LA MÁQUINA DEL ESTADO UNA VEZ DESTRUIDA?

En 1847, en el *Manifiesto Comunista*, Marx daba a esta pregunta una respuesta todavía completamente abstracta, o, más exactamente, una respuesta que señalaba las tareas, pero no los medios para resolverlas. Sustituir la máquina del Estado, una vez destruida, por la «organización del proletariado como clase dominante», «por la conquista de la democracia»: tal era la respuesta del *Manifiesto Comunista*.

Sin perderse en utopías, Marx esperaba de la experiencia del movimiento de masas la respuesta a la cuestión de qué formas concretas habría de revestir esta organización del proletariado como clase dominante y de qué modo esta organización habría de coordinarse con la «conquista de la democracia» más completa y más consecuente.

En su *Guerra civil en Francia*, Marx somete al análisis más atento la experiencia de la Comuna, por breve que esta experiencia haya sido. Citemos los pasajes más importantes de esta obra:

En el siglo XIX, se desarrolló, procedente de la Edad Media, «el poder centralizado del Estado, con sus órganos omnipresentes: el ejército permanente, la policía, la burocracia, el clero y la magistratura». Con el desarrollo del antagonismo de clase entre el capital y el trabajo, «el Poder del Estado fue adquiriendo cada vez más el carácter de un poder público para la opresión del trabajo, el carácter de una máquina de dominación de clase. Después de cada revolución, que marcaba un paso adelante en la lucha de clases, se acusaba con rasgos cada vez más salientes el carácter puramente opresor del Poder del Estado». Después de la revolución de 1848-1849, el Poder del Estado se convierte en un «arma nacional de guerra del capital contra el trabajo». El Segundo Imperio lo consolida.

«La antítesis directa del Imperio era la Comuna». «Era la forma definida» «de aquella república que no había de abolir tan sólo la forma monárquica de la dominación de clase, sino la dominación misma de clase...».

¿En qué había consistido, concretamente, esta forma «definida» de la república proletaria, socialista? ¿Cuál era el Estado que había comenzado a crear?

«... El primer decreto de la Comuna fue... la supresión del ejército permanente para sustituirlo por el pueblo armado...».

Esta reivindicación figura hoy en los programas de todos los partidos que deseen llamarse socialistas. ¡Pero lo que valen sus programas nos lo dice mejor que nada la conducta de nuestros socialrevolucionarios y mencheviques, que precisamente después de la revolución del 27 de febrero han renunciado de hecho a poner en práctica esta reivindicación!

«... La Comuna estaba formada por los consejeros municipales elegidos por sufragio universal en los diversos distritos de París. Eran responsables y podían ser revocados en todo momento. La

mayoría de sus miembros eran, naturalmente, obreros o representantes reconocidos de la clase obrera... La policía, que hasta entonces había sido instrumento del gobierno central, fue despojada inmediatamente de todos sus atributos políticos y convertida en instrumento de la Comuna, responsable ante ésta y revocable en todo momento... Y lo mismo se hizo con los funcionarios de todas las demás ramas de la administración... Desde los miembros de la Comuna para abajo, todos los que desempeñaban cargos públicos lo hacían por el salario de un obrero. Todos los privilegios y los gastos de representación de los altos dignatarios del Estado desaparecieron junto con éstos... Una vez suprimidos el ejército permanente y la policía, instrumentos de la fuerza material del antiguo gobierno, la Comuna se apresuró a destruir también la fuerza de opresión espiritual, el poder de los curas... Los funcionarios judiciales perdieron su aparente independencia... En el futuro debían ser elegidos públicamente, ser responsables y revocables...».

Por tanto, la Comuna sustituye la máquina estatal destruida, aparentemente «sólo» por una democracia más completa: supresión del ejército permanente y completa elegibilidad y amovilidad de todos los funcionarios. Pero, en realidad, este «sólo» representa un cambio gigantesco de unas instituciones por otras de un tipo distinto por principio. Aquí estamos precisamente ante uno de esos casos de «transformación de la cantidad en calidad»: la democracia, llevada a la práctica del modo más completo y consecuente que puede concebirse, se convierte de democracia burguesa en democracia proletaria, de un Estado (fuerza especial para la represión de una determinada clase) en algo que ya no es un Estado propiamente dicho.

Todavía es necesario reprimir a la burguesía y vencer su resistencia. Esto era especialmente necesario para la Comuna, y una de las causas de su derrota está en no haber hecho esto con suficiente decisión. Pero aquí el órgano represor es ya la mayoría de la población y no una minoría, como había sido siempre, lo mismo bajo la esclavitud y la servidumbre que bajo la esclavitud asalariada. ¡Y, desde el momento en que es la mayoría del pueblo la que reprime por sí misma a sus opresores, no es ya necesaria una «fuerza especial» de represión! En este sentido, el Estado comienza a extinguirse.

En vez de instituciones especiales de una minoría privilegiada (la burocracia privilegiada, los jefes del ejército permanente), puede llevar a efecto esto directamente la mayoría, y cuanto más intervenga todo el pueblo en la ejecución de las funciones propias del Poder del Estado tanto menor es la necesidad de dicho Poder.

En este sentido, es singularmente notable una de las medidas decretadas por la Comuna, que Marx subraya: la abolición de todos los gastos de representación, de todos los privilegios pecuniarios de los funcionarios, la reducción de los sueldos de todos los funcionarios del Estado al nivel del «salario de un obrero». Aquí es precisamente donde se expresa de un modo más evidente el viraje de la democracia burguesa a la democracia proletaria, de la democracia de la clase opresora a la democracia de las clases oprimidas, del Estado como «fuerza especial» para la represión de una determinada clase a la represión de los opresores por la fuerza conjunta de la mayoría del pueblo, de los obreros y los campesinos. ¡Y es precisamente en este punto tan evidente —tal vez el más importante, en lo que se refiere a la cuestión del Estado— en el que las enseñanzas de Marx han sido más relegadas al olvido! En los comentarios de popularización —cuya cantidad es innumerable— no se habla de esto. «Es uso» guardar silencio acerca de esto, como si se tratase de una «ingenuidad» pasada de moda, algo así como cuando los cristianos, después de convertirse el cristianismo en religión del Estado, se «olvidaron» de las «ingenuidades» del cristianismo primitivo y de su espíritu democrático-revolucionario.

La reducción de los sueldos de los altos funcionarios del Estado parece «simplemente» la reivindicación de un democratismo ingenuo, primitivo. Uno de los «fundadores» del oportunismo moderno, el ex-socialdemócrata E. Bernstein, se ha dedicado más de una vez a repetir esas burlas burguesas triviales sobre el democratismo «primitivo». Como todos los oportunistas, como los actuales kautskianos, no comprendía en absoluto, en primer lugar, que el paso del capitalismo al socialismo es imposible sin un cierto «retorno» al democratismo «primitivo» (pues ¿cómo, si no, pasar a la ejecución de las funciones del Estado por la mayoría de la población, por toda la población en bloque?); y, en segundo lugar, que este «democratismo primitivo», basado en el capitalismo y en la cultura capitalista, no es el democratismo primitivo de los tiempos prehistóricos o de la época precapitalista. La cultura capitalista ha creado la gran producción, fábricas, ferrocarriles, el correo y el teléfono, etc., y sobre esta base, una enorme mayoría de las funciones del antiguo «Poder del Estado» se han simplificado tanto y pueden reducirse a operaciones tan sencillísimas de registro, contabilidad y control, que estas funciones son totalmente asequibles a todos los que saben leer y escribir, que pueden ejecutarse en absoluto por el «salario corriente de un obrero», que se las puede (y se las debe) despojar de toda sombra de algo privilegiado y «jerárquico».

La completa elegibilidad y la amovibilidad en cualquier momento de todos los funcionarios sin excepción; la reducción de su sueldo a los límites del «salario corriente de un obrero»: estas medidas democráticas, sencillas y «evidentes por sí mismas», al mismo tiempo que unifican en absoluto los intereses de los obreros y de la mayoría de los campesinos, sirven de puente que conduce del capitalismo al socialismo. Estas medidas atañen a la reorganización del Estado, a la reorganización puramente política de la sociedad, pero es evidente que sólo adquieren su pleno sentido e importancia en conexión con la «expropiación de los expropiadores» ya en realización o en preparación, es decir, con la transformación de la propiedad privada capitalista sobre los medios de producción en propiedad social.

«Al suprimir las dos mayores partidas de gastos, el ejército y la burocracia, la Comuna —escribe Marx— convirtió en realidad la consigna de todas las revoluciones burguesas: un gobierno barato».

Entre los campesinos, al igual que en las demás capas de la pequeña burguesía, sólo «prospera», sólo «se abre paso» en sentido burgués, es decir, se convierten en gentes acomodadas, en burgueses o en funcionarios con una situación garantizada y privilegiada, una minoría insignificante. La inmensa mayoría de los campesinos de todos los países capitalistas en que existe una masa campesina (y estos países capitalistas forman la mayoría), se halla oprimida por el gobierno y ansía derrocarlo, ansía un gobierno «barato». Esto puede realizarlo sólo el proletariado, y, al realizarlo, da al mismo tiempo un paso hacia la transformación socialista del Estado.

3. LA ABOLICIÓN DEL PARLAMENTARISMO

«La Comuna —escribió Marx— debía ser, no una corporación parlamentaria, sino una corporación de trabajo, legislativa y ejecutiva al mismo tiempo...».

«... En vez de decidir una vez cada tres o cada seis años qué miembros de la clase dominante han de representar y aplastar [ver-und zertreten] al pueblo en el parlamento, el sufragio universal debía servir al pueblo, organizado en comunas, de igual modo que el sufragio individual sirve a los patronos para encontrar obreros, inspectores y contables con destino a sus empresas».

Esta notable crítica del parlamentarismo, trazada en 1871, figura también hoy, gracias al predominio del socialchovinismo y del oportunismo, entre las «palabras olvidadas» del marxismo. Los ministros y parlamentarios profesionales, los traidores al proletariado y los «mercachifles» socialistas de nuestros días han dejado íntegramente a los anarquistas la crítica del parlamentarismo, y sobre esta base asombrosamente juiciosa han declarado toda crítica del parlamentarismo ¡¡como «anarquismo»!! No tiene nada de extraño que el proletariado de los países parlamentarios «adelantados», asqueado de «socialistas» como los Scheidemann, David, Legien, Sembat, Renaudel, Henderson, Vandervelde, Stauning, Branting, Bissolati y Cía., haya puesto cada vez más sus simpatías en el anarcosindicalismo, a pesar de que éste es hermano carnal del oportunismo.

Pero para Marx la dialéctica revolucionaria no fue nunca esa vacua frase de moda, esa bagatela en que la han convertido Plejánov, Kautsky y otros. Marx sabía romper implacablemente con el anarquismo por su incapacidad para aprovecharse hasta del «establo» del parlamentarismo burgués —sobre todo cuando se sabe que no se está ante situaciones revolucionarias—, pero, al mismo tiempo, sabía también hacer una crítica auténticamente revolucionario-proletaria del parlamentarismo.

Decidir una vez cada cierto número de años qué miembros de la clase dominante han de oprimir y aplastar al pueblo en el parlamento: he aquí la verdadera esencia del parlamentarismo burgués, no sólo en las monarquías constitucionales parlamentarias, sino también en las repúblicas más democráticas.

Pero si planteamos la cuestión del Estado, si enfocamos el parlamentarismo como una de las instituciones del Estado, desde el punto de vista de las tareas del proletariado en este terreno, ¿dónde está entonces la salida del parlamentarismo? ¿Cómo es posible prescindir de él?

Hay que decir, una y otra vez, que las enseñanzas de Marx, basadas en la experiencia de la Comuna, están tan olvidadas, que para el «socialdemócrata» moderno (léase: para los actuales traidores al socialismo) es sencillamente incomprensible otra crítica del parlamentarismo que no sea la anarquista o la reaccionaria.

La salida del parlamentarismo no está, naturalmente, en la abolición de las instituciones representativas y de la elegibilidad, sino en transformar las instituciones representativas de lugares de charlatanería en corporaciones «de trabajo».

«La Comuna debía ser, no una corporación parlamentaria, sino una corporación de trabajo, legislativa y ejecutiva al mismo tiempo».

«No una corporación parlamentaria, sino una corporación de trabajo»: ¡este tiro va derecho al corazón de los parlamentarios modernos y de los «perrillos falderos» parlamentarios de la socialdemocracia! Fijaos en cualquier país parlamentario, de Norteamérica a Suiza, de Francia a Inglaterra, Noruega, etc.: la verdadera labor «de Estado» se hace entre bastidores y la ejecutan los ministerios, las oficinas, los Estados Mayores. En los parlamentos no se hace más que charlar, con la finalidad especial de embaucar al «vulgo». Y tan cierto es esto, que hasta en la república rusa, república democrático-burguesa, antes de haber conseguido crear un verdadero parlamento, se han puesto de manifiesto en seguida todos estos pecados del parlamentarismo. Héroes del filisteísmo podrido como los Skóbelev y los Tsereteli, los Chernov y los Avкséntiev se las han arreglado para envilecer hasta a los Soviets, según el patrón del más sórdido parlamentarismo burgués, convirtiéndolos en vacuos lugares de charlatanería.

En los soviets, los señores ministros «socialistas» engañan a los ingenuos aldeanos con frases y con resoluciones. En el gobierno, se desarrolla un rigodón permanente, de una parte para «cebar» con puestecitos bien retribuidos y honrosos al mayor número posible de socialrevolucionarios y mencheviques, y, de otra parte, para «distraer la atención» del pueblo. ¡Mientras tanto, en las oficinas y en los Estados Mayores «se desarrolla» la labor «del Estado»!

El «Dielo Naroda», órgano del partido gobernante de los «socialistas revolucionarios», reconocía no hace mucho en un editorial —con esa sinceridad inimitable de las gentes de la «buena sociedad» en la que «todos» ejercen la prostitución política— que hasta en los ministerios regentados por «socialistas» (¡perdonad la expresión!), que hasta en estos ministerios ¡subsiste sustancialmente todo el viejo aparato burocrático, funcionando a la antigua y saboteando con absoluta «libertad» las iniciativas revolucionarias! Y aunque no tuviésemos esta confesión, ¿acaso la historia real de la participación de los socialrevolucionarios y los mencheviques en el gobierno no demuestra esto? Lo único que hay de característico en esto es que los señores Chernov, Rusánov, Sensínov y demás redactores del «Dielo Naroda», asociados en el ministerio con los kadetes, han perdido el pudor hasta tal punto, que no se avergüenzan de contar públicamente, sin rubor, como si se tratase de una pequeñez, ¡¡que en «sus» ministerios todo está igual que antes!! Para engañar a los campesinos ingenuos, frases revolucionario-democráticas, y para «complacer» a los capitalistas, el laberinto burocrático-oficinesco: he ahí la esencia de la «honorable» coalición.

La Comuna sustituye el parlamentarismo venal y podrido de la sociedad burguesa por instituciones en las que la libertad de crítica y de examen no degenera en engaño, pues aquí los parlamentarios tienen que trabajar ellos mismos, tienen que ejecutar ellos mismos sus leyes, tienen que comprobar ellos mismos los resultados, tienen que responder directamente ante sus electores. Las instituciones representativas continúan, pero desaparece el parlamentarismo como sistema especial, como división del trabajo legislativo y ejecutivo, como situación privilegiada para los diputados. Sin instituciones representativas no puede concebirse la democracia, ni aun la democracia proletaria; sin parlamentarismo, sí puede y debe concebirse, si la crítica de la sociedad burguesa no es para nosotros una frase vacua, si la aspiración de derrocar la dominación de la burguesía es en nosotros una aspiración seria y sincera y no una frase «electoral» para cazar los votos de los obreros, como es en los labios de los mencheviques y los socialrevolucionarios, como es en los labios de los Scheidemann y Legien, los Sembat y Vandervelde.

Es sobremanera instructivo que, al hablar de las funciones de aquella burocracia que necesita también la Comuna y la democracia proletaria, Marx tome como punto de comparación a los empleados de «cualquier otro patrono», es decir, una empresa capitalista corriente, con «obreros, inspectores y contables».

En Marx no hay ni rastro de utopismo, en el sentido de que invente y fantasee sobre la «nueva» sociedad. No, Marx estudia como un proceso histórico-natural cómo nace la nueva sociedad de la antigua, estudia las formas de transición de la antigua a la nueva sociedad. Toma la experiencia real del movimiento proletario de masas y se esfuerza en sacar las enseñanzas prácticas de ella. «Aprende» de la Comuna, como todos los grandes pensadores revolucionarios no temieron aprender de la experiencia de los grandes movimientos de la clase oprimida, no dirigiéndoles nunca «sermones» pedantescos (por el estilo del «no se debía haber empuñado las armas», de Plejánov, o de la frase de Tsereteli: «una clase debe saber moderarse»).

No cabe hablar de la abolición repentina de la burocracia, en todas partes y hasta sus últimas raíces. Esto es una utopía. Pero el destruir de golpe la antigua máquina burocrática y comenzar a construir inmediatamente otra nueva, que permita ir reduciendo gradualmente a la nada toda burocracia, no es una utopía; es la experiencia de la Comuna, es la tarea directa, inmediata, del proletariado revolucionario.

El capitalismo simplifica las funciones de la administración del «Estado», permite desterrar la «administración burocrática» y reducirlo todo a una organización de los proletarios (como clase dominante) que toma a su servicio, en nombre de toda la sociedad, a «obreros, inspectores y contables».

Nosotros no somos utopistas. No «soñamos» en cómo podrá prescindirse de golpe de todo gobierno, de toda subordinación, estos sueños anarquistas, basados en la incomprensión de las tareas de la dictadura del proletariado, son fundamentalmente ajenos al marxismo y, de hecho, sólo sirven para aplazar la revolución socialista hasta el momento en que los hombres sean distintos. No, nosotros queremos la revolución socialista con hombres como los de hoy, con hombres que no puedan arreglárselas sin subordinación, sin control, sin «inspectores y contables».

Pero a quien hay que someterse es a la vanguardia armada de todos los explotados y trabajadores: al proletariado. La «administración burocrática» específica de los funcionarios del Estado, puede y debe comenzar a sustituirse inmediatamente, de la noche a la mañana, por las simples funciones de «inspectores y contables», funciones que ya hoy son plenamente accesibles al nivel de desarrollo de los habitantes de las ciudades y que pueden ser perfectamente desempeñadas por el «salario de un obrero».

Organizaremos la gran producción nosotros mismos, los obreros, partiendo de lo que ha sido creado ya por el capitalismo, basándonos en nuestra propia experiencia obrera, estableciendo una disciplina rigurosísima, férrea, mantenida por el Poder estatal de los obreros armados; reduciremos a los funcionarios del Estado a ser simples ejecutores de nuestras directivas, «inspectores y contables» responsables, amovibles y modestamente retribuidos (en unión, naturalmente, de técnicos de todas clases, de todos los tipos y grados): he ahí nuestra tarea proletaria, he ahí por dónde se puede y se debe empezar al llevar a cabo la revolución proletaria. Este comienzo, sobre la base de la gran producción, conduce por sí mismo a la «extinción» gradual de toda burocracia, a la creación gradual de un orden —orden sin comillas, orden que no se parecerá en nada a la esclavitud asalariada—, de un orden en que las funciones de inspección y de contabilidad, cada vez más simplificadas, se ejecutarán por todos siguiendo un turno, acabarán por convertirse en costumbre, y, por fin, desaparecerán como funciones especiales de una capa especial de la sociedad.

Un ingenioso socialdemócrata alemán de la década del 70 del siglo pasado, dijo que el correo era un modelo de economía socialista. Esto es muy exacto. Hoy, el correo es una empresa organizada según el patrón de un monopolio capitalista de Estado. El imperialismo va convirtiendo poco a poco todos los trusts en organizaciones de este tipo. En ellos vemos esa misma burocracia burguesa, entronizada sobre los «simples» trabajadores, agobiados de trabajo y hambrientos. Pero el mecanismo de la gestión social está ya preparado en estas organizaciones. No hay más que derrocar a los capitalistas, destruir, por la mano férrea de los obreros armados, la resistencia de estos explotadores, romper la máquina burocrática del Estado moderno, y tendremos ante nosotros un mecanismo de alta perfección técnica, libre del «parásito» y perfectamente susceptible de ser puesto en marcha por los mismos obreros unidos, dando ocupación a técnicos, inspectores y contables y retribuyendo el trabajo de todos éstos, como el de todos los funcionarios del «Estado» en general, con el salario de un obrero. He aquí una tarea concreta, una tarea práctica que es ya inmediatamente realizable con respecto a todos los trusts, que libera a los trabajadores de la explotación y que tiene en cuenta la experiencia ya iniciada prácticamente (sobre todo en el terreno de la organización del Estado) por la Comuna.

Organizar toda la economía nacional como lo está el correo para que los técnicos, los inspectores, los contables y todos los funcionarios en general perciban sueldos que no sean superiores al «salario de un obrero», bajo el control y la dirección del proletariado armado: he ahí nuestro objetivo inmediato. He ahí el Estado que nosotros necesitamos y la base económica sobre la que este Estado tiene que descansar. He ahí lo que darán la abolición del parlamentarismo y la conservación de las instituciones representativas, he ahí lo que librará a las clases trabajadoras de la prostitución de estas instituciones por la burguesía.

4. ORGANIZACIÓN DE LA UNIDAD DE LA NACIÓN

«... En el breve esbozo de organización nacional que la Comuna no tuvo tiempo de desarrollar, se dice claramente que la Comuna debía ser... la forma política hasta de la aldea más pequeña del país»... Las comunas elegirían la «delegación nacional» de París.

«... Las pocas, pero importantes funciones que aún quedarían entonces al gobierno central no se suprimirían, como falseando conscientemente la verdad se ha dicho, sino que serían desempeñadas por funcionarios comunales, es decir, rigurosamente responsables...».

«... No se trataba de destruir la unidad de la nación, sino por el contrario, de organizarla mediante un régimen comunal. La unidad de la nación debía convertirse en una realidad mediante la destrucción de aquel Poder del Estado que pretendía ser la encarnación de esta unidad, pero quería ser independiente de la nación y estar situado por encima de ella. De hecho, este Poder del Estado no era más que una excrecencia parasitaria en el cuerpo de la nación...». «La tarea consistía en amputar los órganos puramente represivos del viejo Poder estatal y arrancar sus legítimas funciones de manos de una autoridad que pretende colocarse sobre la sociedad, para restituirlas a los servidores responsables de ésta».

Hasta qué punto los oportunistas de la socialdemocracia actual no han comprendido —tal vez fuera más exacto decir que no han querido comprender— estos razonamientos de Marx, lo revela mejor que nada el libro herostráticamente célebre del renegado Bernstein: «Las premisas del socialismo y las tareas de la socialdemocracia». Refiriéndose precisamente a las citadas palabras de Marx, Bernstein escribía que en ellas se desarrolla un programa «que, por su contenido político, presenta, en todos sus rasgos esenciales, la mayor semejanza con el federalismo de Proudhon... Pese a todas las demás diferencias que separan a Marx y al 'pequeñoburgués' Proudhon [Bernstein pone esta palabra entre comillas, queriendo darle una intención irónica], en estos puntos el curso de las ideas es el más afín que cabe en ambos». Naturalmente, prosigue Bernstein, que la importancia de las municipalidades va en aumento, pero «a mí me parece dudoso que esta abolición [Auflösung —literalmente: disolución—] de los Estados modernos y la transformación completa [Umwandlung: cambio radical] de su organización, tal como Marx y Proudhon la describen (formación de la Asamblea Nacional con delegados de las asambleas provinciales o regionales, integradas a su vez por delegados de las comunas), tendría que ser la obra inicial de la democracia, desapareciendo, por tanto, todas las formas anteriores de las representaciones nacionales» (Bernstein *Las premisas del socialismo*, págs. 134 y 136, edición alemana de 1899).

Esto es sencillamente monstruoso: ¡Confundir las concepciones de Marx sobre la «destrucción del Poder estatal, del parásito», con el federalismo de Proudhon! Pero esto no es casual, pues al oportunista no se le pasa siquiera por las mientes pensar que aquí Marx no habla en manera alguna del federalismo por oposición al centralismo, sino de la destrucción de la antigua máquina burguesa del Estado, existente en todos los países burgueses.

Al oportunista sólo se le viene a las mientes lo que ve en torno suyo, en medio del filisteísmo mezquino y del estancamiento «reformista», a saber: ¡sólo las «municipalidades»!

El oportunista ha perdido la costumbre del pensar siquiera en la revolución del proletariado.

Esto es ridículo. Pero lo curioso es que nadie haya contendido con Bernstein acerca de este punto. Bernstein fue refutado por muchos, especialmente por Plejánov en la literatura rusa y por Kautsky en la europea, pero ni uno ni otro han hablado de esta tergiversación de Marx por Bernstein.

El oportunista se ha desacostumbrado hasta tal punto de pensar en revolucionario y de reflexionar acerca de la revolución, que atribuye a Marx el «federalismo», confundiéndole con el fundador del anarquismo, Proudhon. Y Kautsky y Plejánov, que quieren pasar por marxistas ortodoxos y defender la doctrina del marxismo revolucionario, ¡guardan silencio acerca de esto! Nos encontramos aquí con una de las raíces de ese extraordinario bastardeamiento de las ideas acerca de la diferencia entre marxismo y anarquismo, que es característico tanto de los kautskianos como de los oportunistas y del que habremos de hablar todavía más.

En los citados pasajes de Marx sobre la experiencia de la Comuna, no hay ni rastro de federalismo. Marx coincide con Proudhon precisamente en algo que no ve el oportunista Bernstein. Marx discrepa de Proudhon precisamente en aquello en que Bernstein ve una afinidad.

Marx coincide con Proudhon en que ambos abogan por la «destrucción» de la máquina moderna del Estado. Esta coincidencia del marxismo con el anarquismo (tanto con el de Proudhon como con el de Bakunin) no quieren verla ni los oportunistas ni los kautskianos, pues ambos han desertado del marxismo en este punto.

Marx discrepa de Proudhon y de Bakunin precisamente en la cuestión del federalismo (para no hablar siquiera de la dictadura del proletariado). El federalismo es una derivación de principio de las concepciones pequeñoburguesas del anarquismo.

Marx es centralista. En los pasajes suyos citados más arriba, no se contiene la menor desviación del centralismo. ¡Sólo quienes se hallen poseídos de la «fe supersticiosa» del filisteo en el Estado pueden confundir la destrucción de la máquina del Estado burgués con la destrucción del centralismo!

Y bien, si el proletariado y los campesinos pobres toman en sus manos el Poder del Estado, se organizan de un modo absolutamente libre en comunas y unifican la acción de todas las comunas para dirigir los golpes contra el capital, para aplastar la resistencia de los capitalistas, para entregar a toda la nación, a toda la sociedad, la propiedad privada sobre los ferrocarriles, las fábricas, la tierra, etc., ¿acaso esto no será el centralismo? ¿Acaso esto no será el más consecuente centralismo democrático, y además un centralismo proletario?

A Bernstein no le cabe, sencillamente, en la cabeza que sea posible un centralismo voluntario, una unión voluntaria de las comunas en la nación, una fusión voluntaria de las comunas proletarias para aplastar la dominación burguesa y la máquina burguesa del Estado. Para Bernstein, como para todo filisteo, el centralismo es algo que sólo puede venir de arriba, que sólo puede ser impuesto y mantenido por la burocracia y el militarismo.

Marx subraya intencionadamente, como previendo la posibilidad de que sus ideas fuesen tergiversadas, que el acusar a la Comuna de querer destruir la unidad de la nación, de querer suprimir el Poder central, es una falsedad consciente. Marx usa intencionadamente la expresión «organizar la unidad de la nación», para contraponer el centralismo consciente, democrático, proletario, al centralismo burgués, militar, burocrático.

Pero... no hay peor sordo que el que no quiere oír. Y los oportunistas de la socialdemocracia actual no quieren, en efecto, oír hablar de la destrucción del Poder del Estado, de la eliminación del parásito.

5. LA DESTRUCCIÓN DEL ESTADO-PARÁSITO

Hemos citado ya, y vamos a completarlas aquí, las palabras de Marx relativas a este punto.

«Generalmente, las nuevas creaciones históricas están destinadas a que se las tome por una reproducción de las formas viejas, y aun ya caducas, de vida social con las cuales las nuevas instituciones presentan cierta semejanza. Así, también esta nueva Comuna, que viene a destruir [bricht —romper—] el Poder estatal moderno, ha sido considerada como una resurrección de las Comunas medievales..., como una federación de pequeños Estados, con arreglo al sueño de Montesquieu y los girondinos..., como una forma exagerada de la vieja lucha contra el excesivo centralismo...».

«... Por el contrario, el régimen comunal habría devuelto al organismo social todas las fuerzas que hasta entonces venía devorando el 'Estado', parásito que se nutre a expensas de la sociedad y entorpece su libre movimiento. Con éste solo hecho habría iniciado la regeneración de Francia...».

«... El régimen comunal habría colocado a los productores rurales bajo la dirección ideológica de las capitales de sus provincias y les habría ofrecido aquí, en los obreros de la ciudad, los representantes naturales de sus intereses. La sola existencia de la Comuna implicaba, como algo evidente, un régimen de autonomía local, pero no ya como contrapeso a un Poder del Estado que ahora sería superfluo...».

«Destrucción del Poder estatal», que era una «excrecencia parasitaria», su «amputación», su «aplastamiento», el «Poder del Estado que ahora sería superfluo»: he aquí cómo se expresa Marx al hablar del Estado, valorando y analizando la experiencia de la Comuna.

Todo esto fue escrito hace poco menos de medio siglo, pero hoy hay que proceder a verdaderas excavaciones para llevar a la conciencia de las grandes masas un marxismo no falseado. Las conclusiones deducidas de la observación de la última gran revolución vivida por Marx fueron dadas al olvido precisamente al llegar el momento de las siguientes grandes revoluciones del proletariado.

«... La variedad de interpretaciones a que ha sido sometida la Comuna y la variedad de intereses que han encontrado su expresión en ella demuestran que era una forma política perfectamente flexible, a diferencia de las formas anteriores de gobierno, que habían sido todas esencialmente represivas. He aquí su verdadero secreto: la Comuna era en esencia el gobierno de la clase obrera, fruto de la lucha de la clase productora contra la clase apropiadora, la forma política,

descubierta, al fin, bajo la cual podía llevarse a cabo la emancipación económica del trabajo...».

«Sin esta última condición el régimen comunal habría sido una imposibilidad y una impostura»...

Los utopistas habíanse dedicado a «descubrir» las formas políticas bajo las cuales debía producirse la transformación socialista de la sociedad. Los anarquistas se desentendían del problema de las formas políticas en general. Los oportunistas de la socialdemocracia actual tomaron las formas políticas burguesas del Estado democrático parlamentario como el límite del que no podía pasarse y se rompieron la frente de tanto prosternarse ante este «modelo», considerando como anarquismo toda aspiración a romper estas formas.

Marx dedujo de toda la historia del socialismo y de las luchas políticas que el Estado deberá desaparecer y que la forma transitoria para su desaparición (la forma de transición del Estado al no Estado) será «el proletariado organizado como clase dominante». Pero Marx no se proponía descubrir las formas políticas de este futuro. Se limitó a la investigación precisa de la historia francesa, a su análisis y a la conclusión a que llevó el año 1851: se avecina la destrucción de la máquina del Estado burgués.

Y cuando estalló el movimiento revolucionario de masas del proletariado, Marx, a pesar del revés sufrido por este movimiento, a pesar de su fugacidad y de su patente debilidad, se puso a estudiar qué formas había revelado.

La Comuna es la forma, «descubierta, al fin», por la revolución proletaria, bajo la cual puede lograrse la emancipación económica del trabajo.

La Comuna es el primer intento de la revolución proletaria de destruir la máquina del Estado burgués, y la forma política, «descubierta, al fin», que puede y debe sustituir a lo destruido.

Más adelante, en el curso de nuestra exposición, veremos que las revoluciones rusas de 1905 y 1917 prosiguen, en otras circunstancias, bajo condiciones diferentes, la obra de la Comuna, y confirman el genial análisis histórico de Marx.

CAPÍTULO IV

CONTINUACIÓN. ACLARACIONES COMPLEMENTARIAS DE ENGELS

Marx dejó sentadas las tesis fundamentales sobre la cuestión de la significación de la experiencia de la Comuna. Engels volvió repetidas veces sobre este tema, aclarando el análisis y las conclusiones de Marx e iluminando a veces otros aspectos de la cuestión con tal fuerza y relieve, que es necesario detenerse especialmente en estas aclaraciones.

1. «LA CUESTIÓN DE LA VIVIENDA»

En su obra sobre la cuestión de la vivienda (1872), Engels pone ya a contribución la experiencia de la Comuna, deteniéndose varias veces en las tareas de la revolución respecto al Estado. Es interesante ver cómo, sobre un tema concreto, se ponen de relieve, de una parte, los rasgos de coincidencia entre el Estado proletario y el Estado actual —rasgos que nos dan la base para hablar de Estado en ambos casos—, y, de otra parte, los rasgos de diferencia o la transición hacia la destrucción del Estado.

«¿Cómo, pues, resolver la cuestión de la vivienda? En la sociedad actual, exactamente lo mismo que otra cuestión social cualquiera: por la nivelación económica gradual de la oferta y la demanda, solución que reproduce constantemente la cuestión y que, por tanto, no es tal solución. La forma en que una revolución social resolvería esta cuestión no depende solamente de las circunstancias de tiempo y lugar, sino que, además, se relaciona con cuestiones de gran alcance, entre las cuales figura, como una de las más esenciales, la supresión del contraste entre la ciudad y el campo. Como nosotros no nos ocupamos en construir ningún sistema utópico para la organización de la sociedad del futuro, sería más que ocioso detenerse en esto. Lo cierto, sin embargo, es que ya hoy existen en las grandes ciudades edificios suficientes para remediar en seguida, si se les diese un empleo racional, toda verdadera 'escasez de vivienda': Esto sólo puede lograrse, naturalmente, expropiando a los actuales poseedores y alojando en sus casas a los obreros que carecen de vivienda o a los que viven hacinados en la suya. Y tan pronto como el proletariado conquiste el Poder político, esta medida, impuesta por los intereses del bien público, será de tan fácil ejecución como lo son hoy las otras expropiaciones y las requisas de viviendas que lleva a cabo el Estado actual» (página 22 de la edición alemana de 1887).*

Aquí Engels no analiza el cambio de forma del Poder estatal, sino sólo el contenido de sus actividades. La expropiación y la requisa de viviendas son efectuadas también por orden del Estado actual. Desde el punto de vista formal, también el Estado proletario «ordenará» requisar viviendas y expropiar edificios. Pero es evidente que el antiguo aparato ejecutivo, la burocracia, vinculada con la burguesía, sería sencillamente inservible para llevar a la práctica las órdenes del Estado proletario.

«... Hay que hacer constar que la 'apropiación efectiva' de todos los instrumentos de trabajo, la ocupación de toda la industria *por el pueblo trabajador, es precisamente lo contrario del 'rescate' proudhoniano. En éste, es cada obrero el que pasa a ser propietario de su vivienda, de su campo, de su instrumento de trabajo; en la primera, en cambio, es el 'pueblo trabajador' el que pasa a ser propietario colectivo de los edificios, de las fábricas y de los instrumentos de trabajo, y es poco probable que su disfrute se conceda, sin indemnización de los gastos, a los individuos o a las sociedades, por lo menos durante el período de transición. Exactamente lo mismo que la abolición de la propiedad territorial no implica la abolición de la renta del suelo, sino su transferencia a la sociedad, aunque sea con ciertas modificaciones. La apropiación efectiva de todos los instrumentos de trabajo por el pueblo trabajador no excluye, por tanto, en modo alguno, la conservación de los alquileres y arrendamientos»* (ídem, pág. 68).

La cuestión esbozada en este pasaje, a saber: la cuestión de las bases económicas de la extinción del Estado, será examinada por nosotros en el capítulo siguiente. Engels se expresa con extremada cautela, diciendo que «es poco probable» que el Estado proletario conceda gratis las viviendas, «por lo menos durante el período de transición». El arrendamiento de viviendas de propiedad de todo el pueblo a distintas familias mediante un alquiler supone el cobro de estos alquileres, un cierto control y una determinada regulación para el reparto de las viviendas. Todo esto exige una cierta forma de Estado, pero no reclama en modo alguno un aparato militar y burocrático especial, con funcionarios que disfruten de una situación privilegiada. La transición a un estado de cosas en que sea posible asignar las viviendas gratuitamente se halla vinculada a la «extinción» completa del Estado.

Hablando de cómo los blanquistas, después de la Comuna y bajo la acción de su experiencia, se pasaron al campo de los principios marxistas, Engels formula de pasada esta posición en los términos siguientes:

«... Necesidad de la acción política del proletariado y de su dictadura, como paso hacia la supresión de las clases y, con ellas, del Estado...» (pág. 55).

Algunos aficionados a la crítica literal o ciertos «exterminadores» burgueses del marxismo encontrarán quizá una contradicción entre este reconocimiento de la «supresión del Estado» y la negación de semejante fórmula, por anarquista, en el pasaje del «Anti-Dühring» citado más arriba. No tendría nada de extraño que los oportunistas clasificasen también a Engels entre los «anarquistas», ya que hoy se va generalizando cada vez más entre los socialchovinistas la tendencia de acusar a los internacionalistas de anarquismo.

Que a la par con la supresión de las clases se producirá también la supresión del Estado, lo ha sostenido siempre el marxismo. El tan conocido pasaje del «Anti-Dühring» acerca de la «extinción del Estado» no acusa a los anarquistas simplemente de abogar por la supresión del Estado, sino de predicar la posibilidad de suprimir el Estado «de la noche a la mañana».

Como la doctrina «socialdemócrata» hoy imperante ha tergiversado completamente la actitud del marxismo ante el anarquismo en lo tocante a la cuestión de la destrucción del Estado, será muy útil recordar aquí una polémica de Marx y Engels con los anarquistas.

2. POLÉMICA CON LOS ANARQUISTAS

Esta polémica tuvo lugar en el año 1873. Marx y Engels escribieron para un almanaque socialista italiano unos artículos contra los proudhonianos, «autonomistas» o «antiautoritarios», artículos que no fueron publicados en traducción alemana hasta 1913, en la revista *Neue Zeit*[6].

---

6 Lenin se refiere al artículo de C. Marx El indiferentismo político y al de Engels De la autoridad.

«Si la lucha política de la clase obrera —escribió Marx, ridiculizando a los anarquistas— y su negación de la política asume formas revolucionarias, si los obreros sustituyen la dictadura de la clase burguesa con su dictadura revolucionaria, cometen un terrible delito de leso principio, porque para satisfacer sus míseras necesidades materiales de cada día, para vencer la resistencia de la burguesía, dan al Estado una forma revolucionaria y transitoria en vez de deponer las armas y abolirlo...» (Neue Zeit, 1913-1914, año 32, t. I, pág. 40).

¡He ahí contra qué «abolición» del Estado se manifestaba, exclusivamente, Marx, al refutar a los anarquistas! No era, ni mucho menos, contra el hecho de que el Estado desaparezca con la desaparición de las clases o sea suprimido al suprimirse éstas, sino contra el hecho de que los obreros renuncien al empleo de las armas, a la violencia organizada, es decir, al Estado, llamado a servir para «vencer la resistencia de la burguesía».

Marx subraya intencionadamente —para que no se tergiverse el verdadero sentido de su lucha contra el anarquismo— la «forma revolucionaria y transitoria» del Estado que el proletariado necesita. El proletariado sólo necesita el Estado temporalmente.

Nosotros no discrepamos en modo alguno de los anarquistas en cuanto al problema de la abolición del Estado, como meta final. Lo que afirmamos es que, para alcanzar esta meta, es necesario el empleo temporal de las armas, de los medios, de los métodos del Poder del Estado contra los explotadores, como para destruir las clases es necesaria la dictadura temporal de la clase oprimida. Marx elige contra los anarquistas el planteamiento más tajante y más claro del problema: después de derrocar el yugo de los capitalistas, ¿deberán los obreros «deponer las armas» o emplearlas contra los capitalistas para vencer su resistencia? Y el empleo sistemático de las armas por una clase contra otra clase, ¿qué es sino una «forma transitoria» de Estado?

Que cada socialdemócrata se pregunte si es así como él ha planteado la cuestión del Estado en su polémica con los anarquistas, si es así como ha planteado esta cuestión la inmensa mayoría de los partidos socialistas oficiales de la II Internacional.

Engels expone estos pensamientos de un modo todavía más detallado y más popular. Ridiculiza, ante todo, el embrollo de pensamientos de los proudhonianos, quienes se llamaban «antiautoritarios», es decir, negaban toda autoridad, toda subordinación, todo Poder. Tomad una fábrica, un ferrocarril, un barco en alta mar, dice Engels: ¿acaso no es evidente que sin una cierta subordinación y, por consiguiente, sin una cierta autoridad o Poder será imposible el funcionamiento de ninguna de estas complicadas empresas técnicas, basadas en el empleo de máquinas y en la cooperación de muchas personas con arreglo a un plan?

«... Cuando opongo parecidos argumentos a los más furiosos antiautoritarios —dice Engels— no pueden responderme más que esto: '¡Ah! Eso es verdad, pero aquí no se trata de una autoridad de que investimos a nuestros delegados, sino de un encargo determinado'. Esta gente cree poder cambiar la cosa con cambiarle el nombre...».

Habiendo puesto así de manifiesto que la autoridad y la autonomía son conceptos relativos, que su radio de aplicación cambia con las distintas fases del desarrollo social, que es absurdo aceptar estos conceptos como algo absoluto, y después de añadir que el campo de la aplicación de las máquinas y de la gran industria se ensancha cada vez más, Engels pasa de las consideraciones generales sobre la autoridad al problema del Estado.

... Si los autonomistas —escribe— se limitaran a decir que la organización social futura tolerará la autoridad únicamente en los límites fijados inevitablemente por las condiciones de la producción, sería posible entenderse con ellos. Pero se muestran ciegos con referencia a todos los hechos que hacen necesaria la autoridad y luchan apasionadamente contra esta palabra.

¿Por qué los antiautoritarios no se limitan a gritar contra la autoridad política, contra el Estado? Todos los socialistas están de acuerdo en que el Estado y, junto con él, la autoridad política desaparecerán como consecuencia de la futura revolución social, es decir, que las funciones públicas perderán su carácter político y se convertirán en funciones puramente administrativas, destinadas a velar por los intereses sociales. Pero los antiautoritarios exigen que el Estado político sea abolido de un golpe, antes de que sean abolidas las relaciones sociales que han dado origen al mismo: exigen que el primer acto de la revolución social sea la abolición de la autoridad.

¿Es que dichos señores han visto alguna vez una revolución? Indudablemente, no hay nada más autoritario que una revolución. La revolución es un acto durante el cual una parte de la población impone su voluntad a la otra mediante los fusiles, las bayonetas, los cañones, esto es, mediante elementos extraordinariamente autoritarios. El partido triunfante se ve obligado a mantener su dominación por medio del temor que dichas armas infunden a los reaccionarios. Si la Comuna de París no se hubiera apoyado en la autoridad del pueblo armado contra la burguesía, ¿habría subsistido más de un día? ¿No tenemos más bien, por el contrario, el derecho de censurar a la Comuna por no haberse servido suficientemente de dicha autoridad? Así, pues, una de dos: o los antiautoritarios no saben lo que dicen, y en este caso no hacen más que sembrar la confusión, o lo saben y, en este caso, traicionan la causa del proletariado. Tanto en uno como en otro caso sirven únicamente a la reacción (pág. 39).

En este pasaje se abordan cuestiones que conviene examinar en conexión con el tema de la correlación entre la política y la economía en el período de extinción del Estado (tema tratado en el capítulo siguiente). Son cuestiones tales como la de la transformación de las funciones públicas, de funciones políticas en funciones simplemente administrativas, y la del «Estado político». Esta última expresión, especialmente expuesta a provocar equívocos, apunta al proceso de la extinción del Estado: al llegar a una cierta fase de su extinción, puede calificarse al Estado moribundo de Estado no político.

También en este pasaje de Engels la parte más notable es el planteamiento de la cuestión contra los anarquistas. Los socialdemócratas que pretenden ser discípulos de Engels han discutido millones de veces con los anarquistas desde 1873, pero han discutido precisamente no como pueden y deben discutir los marxistas. El concepto anarquista de la abolición del Estado es confuso y no revolucionario: así es como plantea la cuestión Engels. En efecto, los anarquistas no quieren ver la revolución en su nacimiento y en su desarrollo, en sus tareas específicas con relación a la violencia, a la autoridad, al Poder y al Estado.

La crítica corriente del anarquismo en los socialdemócratas de nuestros días ha degenerado en la más pura vulgaridad pequeñoburguesa: «¡nosotros reconocemos el Estado; los anarquistas, no!». Se comprende que semejante vulgaridad tenga por fuerza que repugnar a obreros un poco reflexivos y revolucionarios. Engels se expresa de otro modo: subraya que todos los socialistas reconocen la desaparición del Estado como consecuencia de la revolución socialista. Luego, plantea concretamente el problema de la revolución, precisamente el problema que los socialdemócratas suelen soslayar en su oportunismo, cediendo, por decirlo así, la exclusiva de su «estudio» a los anarquistas, y, al plantear este problema, Engels agarra al toro por los cuernos: ¿no hubiera debido la

Comuna emplear más abundantemente el Poder revolucionario del Estado, es decir, del proletariado armado, organizado como clase dominante?

Por lo general, la socialdemocracia oficial imperante elude la cuestión de las tareas concretas del proletariado en la revolución, bien con simples burlas de filisteo, bien, en el mejor de los casos, con la frase sofística evasiva de «¡ya veremos!». Y los anarquistas tenían derecho a decir de esta socialdemocracia que traicionaba su misión de educar revolucionariamente a los obreros. Engels se vale de la experiencia de la última revolución proletaria, precisamente, para estudiar del modo más concreto qué es lo que debe hacer el proletariado y cómo, tanto con relación a los Bancos como en lo que respecta al Estado.

3. UNA CARTA A BEBEL

Uno de los pasajes más notables, si no el más notable de las obras de Marx y Engels respecto a la cuestión del Estado, es el siguiente, de una carta de Engels a Bebel de 18-28 de marzo de 1875. Carta que —dicho entre paréntesis— fue publicada por vez primera, que nosotros sepamos, por Bebel en el segundo tomo de sus memorias («De mi vida»), que vieron la luz en 1911, es decir, 36 años después de escrita y enviada aquella carta.

Engels escribió a Bebel criticando aquel mismo proyecto de programa de Gotha, que Marx criticó en su célebre carta a Bracke. Y, por lo que se refiere especialmente a la cuestión del Estado, le decía lo siguiente:

«El Estado popular libre se ha convertido en el Estado libre. Gramaticalmente hablando, un Estado libre es un Estado que es libre respecto a sus ciudadanos, es decir, un Estado con un gobierno despótico. Habría que abandonar toda esa

charlatanería acerca del Estado, sobre todo después de la Comuna, que no era ya un Estado en el verdadero sentido de la palabra. Los anarquistas nos han echado en cara más de la cuenta eso del 'Estado popular', a pesar de que ya la obra de Marx contra Proudhon y luego el Manifiesto Comunista dicen expresamente que, con la implantación del régimen social socialista, el Estado se disolverá por sí mismo [sich auflöst] y desaparecerá. Siendo el Estado una institución meramente transitoria, que se utiliza en la lucha, en la revolución, para someter por la violencia a sus adversarios, es un absurdo hablar de un Estado libre del pueblo: mientras el proletariado necesite todavía del Estado, no lo necesitará en interés de la libertad, sino para someter a sus adversarios, y tan pronto como pueda hablarse de libertad, el Estado como tal dejará de existir. Por eso nosotros propondríamos decir siempre, en vez de la palabra Estado, la palabra 'Comunidad' [Gemeinwesen], una buena y antigua palabra alemana que equivale a la palabra francesa 'Commune'» (pág. 322 del texto alemán).

Hay que tener en cuenta que esta carta se refiere al programa del Partido, criticado por Marx en una carta escrita solamente varias semanas después de aquélla (carta de Marx de 5 de mayo de 1875), y que Engels vivía por aquel entonces en Londres, con Marx. Por eso, al decir en las últimas líneas de la carta «nosotros», Engels, indudablemente, en su nombre y en el de Marx propone al jefe del Partido obrero alemán borrar del programa la palabra «Estado» y sustituirla por la palabra «Comunidad».

¡Qué bramidos sobre «anarquismo» lanzarían los cabecillas del «marxismo» de hoy, un «marxismo» falsificado para uso de oportunistas, si se les propusiese semejante corrección en su programa! Que bramen cuanto quieran. La burguesía les elogiará por ello.

Pero nosotros continuaremos nuestra obra. Cuando revisemos el programa de nuestro Partido, deberemos tomar en consideración, sin falta, el consejo de Engels y Marx, para acercarnos más a la verdad, para restaurar el marxismo, purificándolo de tergiversaciones, para orientar más certeramente la lucha de la clase obrera por su liberación. Entre los bolcheviques no habrá, probablemente, quien se oponga al consejo de Engels y Marx. La dificultad estará solamente, si acaso, en el término. En alemán, hay dos palabras para expresar la idea de «comunidad», de las cuales Engels eligió la que no indica una comunidad por separado, sino el conjunto de ellas, el sistema de comunas. En ruso, no existe una palabra semejante, y tal vez tendremos que emplear la palabra francesa «commune», aunque esto tenga también sus inconvenientes.

«La Comuna no era ya un Estado en el verdadero sentido de la palabra»: he aquí la afirmación más importante de Engels, desde el punto de vista teórico. Después de lo que dejamos expuesto más arriba, esta afirmación es absolutamente lógica. La Comuna había dejado de ser un Estado, toda vez que su papel no era reprimir a la mayoría de la población, sino a la minoría (a los explotadores); había roto la máquina del Estado burgués; en vez de una fuerza especial para la represión, entró en escena la población misma. Todo esto era renunciar al Estado en su sentido estricto. Y si la Comuna se hubiera consolidado, habrían ido «extinguiéndose» en ella por sí mismas las huellas del Estado, no habría sido necesario «suprimir» sus instituciones: éstas habrían dejado de funcionar a medida que no tuviesen nada que hacer.

«Los anarquistas nos han echado en cara más de la cuenta eso del 'Estado popular'». Al decir esto, Engels se refiere, principalmente, a Bakunin y a sus ataques contra los socialdemócratas alemanes. Engels reconoce que estos ataques son justos en tanto en cuanto el «Estado popular» es un absurdo y un concepto tan divergente del socialismo como lo es el «Estado popular libre». Engels se esfuerza en corregir la lucha de los socialdemócratas alemanes contra los anarquistas, en hacer de esta lucha una lucha ajustada a los principios, en depurar esta lucha de los prejuicios oportunistas relativos al «Estado». ¡Trabajo perdido! La carta de Engels se pasó 36 años en el fondo de un cajón. Y más abajo veremos que, aun después de publicada esta carta, Kautsky sigue repitiendo tenazmente, en el fondo, los mismos errores contra los que precavía Engels.

Bebel contestó a Engels el 21 de septiembre de 1875, en una carta en la que escribía, entre otras cosas, que estaba «completamente de acuerdo» con sus juicios acerca del proyecto de programa y que había reprochado a Liebknecht su transigencia (pág. 334 de la edición alemana de las memorias de Bebel, tomo II). Pero si abrimos el folleto de Bebel titulado «Nuestros objetivos», nos encontramos en él con consideraciones absolutamente falsas acerca del Estado: *«El Estado debe convertirse de un Estado basado en la dominación de clase en un Estado popular»* (*Nuestros objetivos*, edición alemana de 1886, pág. 14).

¡Así aparece impreso en la novena (¡novena!) edición del folleto de Bebel! No es de extrañar que esta repetición tan obstinada de los juicios oportunistas sobre el Estado haya sido asimilada por la socialdemocracia alemana, sobre todo cuando las explicaciones revolucionarias de Engels se mantenían ocultas y las circunstancias todas de la vida diaria la habían «desacostumbrado» para mucho tiempo de la acción revolucionaria.

4. CRÍTICA DEL PROYECIO DEL PROGRAMA DE ERFURT

La crítica del proyecto del programa de Erfurt[7], enviada por Engels a Kautsky el 29 de junio de 1891 y publicada sólo después de pasados diez años en la revista *Neue Zeit*, no puede pasarse por alto en un análisis de la doctrina del marxismo sobre el Estado, pues este documento se consagra de modo principal a criticar precisamente las concepciones oportunistas de la socialdemocracia en la cuestión de la organización del Estado.

Señalaremos de paso que Engels hace también, en punto a los problemas económicos, una indicación importantísima, que demuestra cuán atentamente y con qué profundidad seguía los cambios que se iban produciendo en el capitalismo moderno y cómo ello le permitía prever hasta cierto punto las tareas de nuestra época, de la época imperialista. He aquí la indicación a que nos referimos: a propósito de las palabras «falta de planificación» (Planlosigkeit), empleadas en el proyecto de programa para caracterizar al capitalismo, Engels escribe:

«Si pusamos de las sociedades anónimas a los trusts, que dominan y monopolizan ramas industriales enteras, vemos que aquí terminan no sólo la producción privada, sino también la falta de planificación» (Neue Zeit, año 20, t. I, 1901-1902, pág. 8).

En estas palabras se destaca lo más fundamental en la valoración teórica del capitalismo moderno, es decir, del imperialismo, a saber: que el capitalismo se convierte en un capitalismo monopolista. Conviene subrayar esto, pues el error más generalizado está en la afirmación reformista-

---

7 El Programa de Erfurt de la socialdemocracia alemana se aprobó en octubre de 1891 en el Congreso de Erfurt, viniendo a sustituir al Programa de Gotha, aprobado en 1875. Los errores del Programa de Erfurt fueron criticados por Engels en su obra En torno a la crítica del proyecto de programa socialdemócrata de 1891.

burguesa de que el capitalismo monopolista o monopolista de Estado no es ya capitalismo, puede llamarse ya «socialismo de Estado», y otras cosas por el estilo. Naturalmente, los trusts no entrañan, no han entrañado hasta hoy ni pueden entrañar una completa sujeción a planes. Pero en tanto trazan planes, en tanto los magnates del capital calculan de antemano el volumen de la producción en un plano nacional o incluso en un plano internacional, en tanto regulan la producción con arreglo a planes, seguimos moviéndonos, a pesar de todo, dentro del capitalismo, aunque en una nueva fase suya, pero que no deja, indudablemente, de ser capitalismo. La «proximidad» de tal capitalismo al socialismo debe ser, para los verdaderos representantes del proletariado, un argumento a favor de la cercanía, de la facilidad, de la viabilidad y de la urgencia de la revolución socialista, pero no, en modo alguno, un argumento para mantener una actitud de tolerancia ante los que niegan esta revolución y ante los que encubren las lacras del capitalismo, como hacen todos los reformistas.

Pero volvamos a la cuestión del Estado. De tres clases son las indicaciones especialmente valiosas que hace aquí Engels: en primer lugar, las que se refieren a la cuestión de la República; en segundo lugar, las que afectan a las relaciones entre la cuestión nacional y la estructura del Estado; en tercer lugar, las que se refieren al régimen de autonomía local.

Por lo que se refiere a la República, Engels hacía de esto el centro de gravedad de su crítica del proyecto del programa de Erfurt. Y, si tenemos en cuenta la significación adquirida por el programa de Erfurt en toda la socialdemocracia internacional y cómo este programa se convirtió en modelo para toda la II Internacional, podremos decir sin exageración que Engels critica aquí el oportunismo de toda la II Internacional.

«Las reivindicaciones políticas del proyecto —escribe Engels— adolecen de un gran defecto. No se contiene en él [subrayado por Engels] lo que en realidad se debía haber dicho».

Y más adelante se aclara que la Constitución alemana está, en rigor, calcada sobre la Constitución más reaccionaria de 1850; que el Reichstag no es, según la expresión de Guillermo Liebknecht, más que la «hoja de parra del absolutismo», y que el pretender llevar a cabo la «transformación de todos los instrumentos de trabajo en propiedad común» a base de una Constitución en la que son legalizados los pequeños Estados y la federación de los pequeños Estados alemanes, es un «absurdo evidente».

«*Tocar esto es peligroso*», añade Engels, que sabe perfectamente que en Alemania no se puede incluir legalmente en el programa la reivindicación de la República. No obstante, Engels no se contenta sencillamente con esta evidente consideración, que satisface a «todos». Engels prosigue:

«Y, sin embargo, no hay más remedio que abordar la cosa de un modo o de otro. Hasta qué punto es esto necesario, lo demuestra el oportunismo, que está difundiéndose [einreissende] precisamente ahora en una gran parte de la prensa socialdemócrata. Por miedo a que se renueve la ley contra los socialistas, o por el recuerdo de diversas manifestaciones hechas prematuramente bajo el imperio de aquella ley, se quiere que el Partido reconozca ahora que el orden legal vigente en Alemania es suficiente para realizar todas las reivindicaciones de aquél por la vía pacífica...».

Engels destaca en primer plano el hecho fundamental de que los socialdemócratas alemanes obraban por miedo a que se renovase la ley de excepción, y califica esto, sin rodeos, de oportunismo, declarando como completamente absurdos los sueños acerca de una vía «pacífica», precisamente por no existir en Alemania ni República ni libertades. Engels es lo bastante cauto para no atarse las manos. Reconoce que en países con República o con una gran libertad «cabe imaginarse» (¡solamente «imaginarse»!) un desarrollo pacífico hacia el socialismo, pero en Alemania, repite:

«... En Alemania, donde el gobierno es casi omnipotente y el Reichstag y todas las demás instituciones representativas carecen de poder efectivo, el proclamar en Alemania algo semejante, y además sin necesidad alguna, significa quitarle al absolutismo la hoja de parra y colocarse uno mismo a cubrir la desnudez ajena...».

Y, en efecto, la inmensa mayoría de los jefes oficiales del Partido Socialdemócrata alemán, partido que «archivó» estas indicaciones, resultaron ser encubridores del absolutismo.

... Semejante política sólo sirve para poner en el camino falso al propio partido.

Se hace pasar a primer plano las cuestiones políticas generales, abstractas, y de este modo se oculta las cuestiones concretas más inmediatas, aquellas que se ponen por sí mismas al orden del día al surgir los primeros grandes acontecimientos, en la primera crisis política. Y lo único que con esto se consigue es que, al llegar el momento decisivo, el partido se sienta de pronto desconcertado, que reinen en él la confusión y el desacuerdo acerca de las cuestiones decisivas, por no haber discutido nunca estas cuestiones...

Este olvido en que se deja las grandes, las fundamentales consideraciones en aras de los intereses momentáneos del día, esto de perseguir éxitos pasajeros y de luchar por ellos sin fijarse en las consecuencias ulteriores, esto de sacrificar el porvenir del movimiento por su presente, podrá hacerse por motivos 'honrados', pero es y seguirá siendo oportunismo, y el oportunismo 'honrado' es quizá el más peligroso de todos...

Si hay algo indudable es que nuestro partido y la clase obrera sólo pueden llegar al Poder bajo la forma política de la República democrática. Ésta es, incluso, la forma específica para la dictadura del proletariado, como lo ha puesto ya de relieve la gran Revolución francesa...

Engels repite aquí, en una forma especialmente plástica, aquella idea fundamental que va como hilo de engarce a través de todas las obras de Marx, a saber: que la República democrática es el acceso más próximo a la dictadura del proletariado. Pues esta República, que no suprime ni mucho menos la dominación del capital ni, consiguientemente, la opresión de las masas ni la lucha de clases, lleva inevitablemente a un ensanchamiento, a un despliegue, a una patentización y a una agudización tales de esta lucha, que, tan pronto como surge la posibilidad de satisfacer los intereses vitales de las masas oprimidas, esta posibilidad se realiza, inevitable y exclusivamente, en la dictadura del proletariado, en la dirección de estas masas por el proletariado. Para toda la II Internacional, éstas son también «palabras olvidadas» del marxismo, y este olvido se reveló de un modo extraordinariamente nítido en la historia del partido menchevique durante el primer medio año de la revolución rusa de 1917.

Respecto a la cuestión de la República federativa, en conexión con la composición nacional de la población escribía Engels:

«¿Qué es lo que debe ocupar el puesto de la actual Alemania?» [con su Constitución monárquico-reaccionaria y su sistema igualmente reaccionario de subdivisión en pequeños Estados, que eterniza la particularidad del «prusianismo», en vez de disolverla en una Alemania formando un todo]. A mi juicio, el proletariado sólo puede emplear la forma de la República única e indivisible. La República federativa es todavía hoy, en conjunto, una necesidad en el territorio gigantesco de los Estados Unidos, si bien en las regiones del Este se ha convertido ya en un obstáculo. Representaría un progreso en Inglaterra, donde cuatro naciones pueblan las dos islas y donde, a pesar de no haber más que un parlamento, coexisten tres sistemas de

legislación. En la pequeña Suiza, se ha convertido ya desde hace largo tiempo en un obstáculo, y si allí se puede todavía tolerar la República federativa, es debido únicamente a que Suiza se contenta con ser un miembro puramente pasivo en el sistema de los Estados europeos.

Para Alemania, un régimen federalista al modo del de Suiza significaría un enorme retroceso. Hay dos puntos que distinguen a un Estado federal de un Estado unitario, a saber: que cada Estado que forma parte de la unión tiene su propia legislación civil y criminal y su propia organización judicial, y que además de cada parlamento particular existe una Cámara federal en la que vota como tal cada cantón, sea grande o pequeño. En Alemania, el Estado federal es el tránsito hacia un Estado completamente unitario, y la «revolución desde arriba» de 1866 y 1870 no debe ser revocada, sino completada mediante un «movimiento desde abajo».

Engels no sólo no revela indiferencia en cuanto a la cuestión de las formas de Estado, sino que, por el contrario, se esfuerza en analizar con escrupulosidad extraordinaria precisamente las formas de transición, para determinar, con arreglo a las particularidades históricas concretas de cada caso, de qué y hacia qué es transición la forma transitoria de que se trata.

Engels, como Marx, defiende, desde el punto de vista del proletariado y de la revolución proletaria, el centralismo democrático, la República única e indivisible. Considera la República federativa, bien como excepción y como obstáculo para el desarrollo, bien como transición de la monarquía a la República centralista, como un «progreso», en determinadas circunstancias especiales. Y entre estas circunstancias especiales se destaca la cuestión nacional.

En Engels como en Marx, a pesar de su crítica implacable del carácter reaccionario de los pequeños Estados y del encubrimiento de este carácter reaccionario por la cuestión nacional en determinados casos concretos, no se encuentra en ninguna de sus obras ni rastro de tendencia a eludir la cuestión nacional, tendencia de que suelen pecar frecuentemente los marxistas holandeses y polacos al partir de la lucha legítima contra el nacionalismo filisteamente estrecho de «sus» pequeños Estados.

Hasta en Inglaterra, donde las condiciones geográficas, la comunidad de idioma y la historia de muchos siglos parece que debían haber «liquidado» la cuestión nacional en las distintas pequeñas divisiones territoriales del país; incluso aquí tiene en cuenta Engels el hecho claro de que la cuestión nacional no ha sido superada aún, razón por la cual reconoce que la República federativa representa «un progreso». Se sobreentiende que en esto no hay ni rastro de renuncia a la crítica de los defectos de la República federativa ni a la propaganda y a la lucha más decidida en pro de la República unitaria, centralista-democrática.

Pero Engels no concibe en modo alguno el centralismo democrático en el sentido burocrático con que emplean este concepto los ideólogos burgueses y pequeñoburgueses, incluyendo entre éstos a los anarquistas. Para Engels, el centralismo no excluye, ni mucho menos, esa amplia autonomía local que, en la defensa voluntaria de la unidad del Estado por las «comunas» y las regiones, elimina en absoluto todo burocratismo y toda manía de «ordenar» desde arriba.

Así, pues, República unitaria —escribe Engels, desarrollando las ideas programáticas del marxismo sobre el Estado—, pero no en el sentido de la República francesa actual, que no es más que el imperio sin emperador fundado en 1798. De 1792 a 1798, todo departamento francés, toda comuna [Gemeinde] poseía completa autonomía, según el modelo norteamericano, y eso es lo que debemos tener también nosotros. Norteamérica y la primera República francesa nos demostraron, y hoy Canadá, Australia y otras colonias inglesas nos lo demuestran aún, cómo hay que organizar la autonomía y cómo se puede prescindir de la burocracia.

Y esta autonomía provincial y municipal es mucho más libre que, por ejemplo, el federalismo suizo, donde el cantón goza, ciertamente, de gran independencia respecto a la federación [es decir, respecto al Estado federativo en conjunto], pero también respecto al distrito y al municipio. Los gobiernos cantonales nombran jefes de policía de distrito y prefectos, cosa absolutamente desconocida en los países de habla inglesa y a lo que en el futuro también nosotros debemos oponernos decididamente, así como a los consejeros provinciales y gubernamentales prusianos [los comisarios, los jefes de policía, los gobernadores, y en general, todos los funcionarios nombrados desde arriba].

De acuerdo con esto, Engels propone que el punto del programa sobre la autonomía se formule del modo siguiente:

«Completa autonomía para la provincia, distrito y municipio con funcionarios elegidos por sufragio universal. Supresión de todas las autoridades locales y provinciales nombradas por el Estado».

En *Pravda*, suspendida por el gobierno de Kerenski y otros ministros «socialistas» (núm. 68, del 28 de mayo de 1917[8]), hube de señalar ya cómo, en este punto —bien entendido que no es, ni mucho menos, solamente en éste—, nuestros representantes seudosocialistas de una seudodemocracia seudorrevolucionaria se han desviado escandalosamente del democratismo. Se comprende que hombres que se han vinculado por una «coalición» a la burguesía imperialista hayan permanecido sordos a estas indicaciones.

Es sobremanera importante señalar que Engels, con hechos a la vista, basándose en los ejemplos más precisos, refuta el prejuicio extraordinariamente extendido, sobre todo en la

---

8 Véase: V I. Lenin, «Una cuestión de principio», Obras, t. XXIV.

democracia pequeñoburguesa, de que la República federativa implica incuestionablemente mayor libertad que la República centralista. Esto es falso. Los hechos citados por Engels con referencia a la República centralista francesa de 1792 a 1798 y a la República federativa suiza desmienten este prejuicio. La República centralista realmente democrática dio mayor libertad que la República federativa. O dicho en otros términos: la mayor libertad local, provincial, etc., que se conoce en la historia la ha dado la República centralista y no la República federativa.

Nuestra propaganda y agitación de partido no ha consagrado ni consagra suficiente atención a este hecho, ni en general a toda la cuestión de la República federativa y centralista y a la de la autonomía local.

5. PRÓLOGO DE 1891 A «LA GUERRA CIVIL» DE MARX

En el prólogo a la tercera edición de *La guerra civil en Francia* —este prólogo lleva la fecha de 18 de marzo de 1891 y fue publicado por vez primera en la revista *Neue Zeit*—, Engels, a la par que hace de paso algunas interesantes observaciones acerca de cuestiones relacionadas con la actitud hacia el Estado, traza, con notable relieve, un resumen de las enseñanzas de la Comuna[9]. Este resumen, enriquecido por toda la experiencia del período de veinte años que separaba a su autor de la Comuna y dirigido especialmente contra la «fe supersticiosa en el Estado», tan difundida en Alemania, puede ser llamado con justicia la última palabra del marxismo respecto a la cuestión que estamos examinando.

«En Francia —señala Engels—, los obreros, después de cada revolución, estaban armados»; «por eso el desarme de los obreros era el primer mandamiento de los burgueses que se

____

9 Se trata de la introducción de F. Engels al libro de C. Marx La Guerra Civil en Francia.

hallaban al frente del Estado. De aquí el que, después de cada revolución ganada por los obreros, se llevara a cabo una nueva lucha que acababa con la derrota de estos...».

El balance de la experiencia de las revoluciones burguesas es tan corto como expresivo. El quid de la cuestión entre otras cosas también en lo que afecta a la cuestión del Estado (¿tiene la clase oprimida armas?), aparece enfocado aquí de un modo admirable. Este quid de la cuestión es precisamente el que eluden con mayor frecuencia lo mismo los profesores influidos por la ideología burguesa que los demócratas pequeñoburgueses. En la revolución rusa de 1917, correspondió al «menchevique» y «también marxista» Tsereteli el honor (un honor a lo Cavaignac) de descubrir este secreto de las revoluciones burguesas. En su discurso «histórico» del 11 de junio, a Tsereteli se le escapó el secreto de la decisión de la burguesía de desarmar a los obreros de Petrogrado, presentando, naturalmente, esta decisión ¡como suya y como necesidad «del Estado» en general!

El histórico discurso de Tsereteli del 11 de junio será, naturalmente, para todo historiador de la revolución de 1917, una de las pruebas más palpables de cómo el bloque de socialrevolucionarios y mencheviques, acaudillado por el señor Tsereteli, se pasó al lado de la burguesía contra el proletariado revolucionario.

Otra de las observaciones incidentales de Engels, relacionada también con la cuestión del Estado, se refiere a la religión. Es sabido que la socialdemocracia alemana, a medida que se hundía en la charca, haciéndose más y más oportunista, derivaba cada vez con mayor frecuencia a una torcida interpretación filistea de la célebre fórmula que declara la religión «asunto de incumbencia privada». En efecto, esta fórmula se interpretaba como si la cuestión de la religión fuese un asunto de incumbencia privada ¡¡también para el Partido del proletariado revolucionario!! Contra esta traición completa al programa revolucionario del proletariado se levantó Engels, que en 1891 sólo podía observar los gérmenes más tenues de oportunismo en su Partido, y que, por tanto, se expresaba con la mayor cautela: «*Como los miembros de la Comuna eran todos, casi sin excepción, obreros o representantes reconocidos de los obreros, sus acuerdos se distinguían por un carácter marcadamente proletario. Una parte de sus decretos eran reformas que la burguesía republicana no se había atrevido a implantar por vil cobardía y que echaban los cimientos indispensables para la libre acción de la clase obrera, como, por ejemplo, la implantación del principio de que, con respecto al Estado, la religión es un asunto de incumbencia puramente privada; otros iban encaminados a salvaguardar directamente los intereses de la clase obrera, y en parte socavaban profundamente el viejo orden social...*».

Engels subraya intencionadamente las palabras «con respecto al Estado», asestando con ello un golpe certero al oportunismo alemán, que declaraba la religión un asunto de incumbencia privada con respecto al Partido y con ello rebajaba el Partido del proletariado revolucionario al nivel del más vulgar filisteísmo «librepensador», dispuesto a tolerar el aconfesionalismo, pero que renuncia a la tarea del Partido de luchar contra el opio religioso que embrutece al pueblo.

El futuro historiador de la socialdemocracia alemana, al investigar las raíces de su vergonzosa bancarrota en 1914, encontrará no pocos materiales interesantes sobre esta cuestión, comenzando por las evasivas declaraciones que se contienen en los artículos del jefe ideológico del Partido, Kautsky, en las que se abre de par en par las puertas al oportunismo, y acabando por la actitud del Partido ante el «Los-von-der-Kirche-Bewegung» (movimiento en pro de la separación de los particulares de la Iglesia), en 1913.

Pero volvamos a cómo Engels, veinte años después de la Comuna, resumió sus enseñanzas para el proletariado militante.

He aquí las enseñanzas que Engels destaca en primer plano: ... Precisamente la fuerza opresora del antiguo gobierno centralista: el ejército, la policía política y la burocracia, que Napoleón había creado en 1798 y que desde entonces había sido heredada por todos los nuevos gobiernos como un instrumento grato, empleándolo contra sus enemigos; precisamente esta fuerza debía ser derrumbada en toda Francia, como había sido derrumbada ya en París.

La Comuna tuvo que reconocer desde el primer momento que la clase obrera, al llegar al Poder, no puede seguir gobernando con la vieja máquina del Estado; que, para no perder de nuevo su dominación recién conquistada, la clase obrera tiene, de una parte, que barrer toda la vieja máquina represiva utilizada hasta entonces contra ella, y, de otra parte, precaverse contra sus propios diputados y funcionarios, declarándolos a todos, sin excepción revocables en cualquier momento...

Engels subraya una y otra vez que no sólo bajo la monarquía, sino también bajo la República democrática, el Estado sigue siendo Estado, es decir, conserva su rasgo característico fundamental: convertir a sus funcionarios, «servidores de la sociedad», órganos de ella, en señores situados por encima de ella.

... Contra esta transformación del Estado y de los órganos del Estado de servidores de la sociedad en señores situados por encima de la sociedad, transformación inevitable en todos los Estados anteriores, empleó la Comuna dos remedios infalibles. En primer lugar, cubrió todos los cargos administrativos, judiciales y de enseñanza por elección, mediante sufragio universal, concediendo a los electores el derecho a revocar en todo momento a sus elegidos. En segundo lugar, todos los

funcionarios, altos y bajos, sólo estaban retribuidos como los demás obreros. El sueldo máximo abonado por la Comuna no excedía de 6000 francos[10]. Con este sistema se ponía una barrera eficaz al arribismo y la caza de cargos, y esto aun sin contar los mandatos imperativos que introdujo la Comuna para los diputados a los organismos representativos...

Engels llega aquí a este interesante límite en que la democracia consecuente se transforma, de una parte, en socialismo y, de otra parte, reclama el socialismo, pues para destruir el Estado es necesario transformar las funciones de la administración del Estado en operaciones de control y registro tan sencillas, que sean accesibles a la inmensa mayoría de la población, primero, y a toda la población, sin distinción, después. Y la supresión completa del arribismo exige que los cargos «honoríficos» del Estado, aunque sean sin ingresos, no puedan servir de trampolín para pasar a puestos altamente retribuidos en los Bancos y en las sociedades anónimas, como ocurre constantemente hoy hasta en los países capitalistas más libres.

Pero Engels no incurre en el error en que incurren, por ejemplo, algunos marxistas en lo tocante a la cuestión del derecho de las naciones a la autodeterminación, creyendo que bajo el capitalismo este derecho es imposible, y, bajo el socialismo, superfluo. Semejante argumentación, que quiere pasar por ingeniosa, pero que en realidad es falsa, podría repetirse a propósito de cualquier institución democrática, y a propósito también de los sueldos modestos de los funcionarios, pues un democratismo llevado hasta sus últimas consecuencias es imposible bajo el capitalismo, y, bajo el socialismo, toda democracia se extingue.

---

10 Lo que equivale nominalmente a unos 2400 rublos y a unos 6000 rublos según el curso actual. Es completamente imperdonable la actitud de aquellos bolcheviques que proponen, por ejemplo, retribuciones de 9000 rublos en los ayuntamientos urbanos, no proponiendo establecer una retribución máxima de 6000 rublos (cantidad suficiente) para todo el Estado.

Esto es un sofisma parecido a aquel viejo chiste de si una persona comienza a quedarse calva cuando se le cae un pelo.

El desarrollo de la democracia hasta sus últimas consecuencias, la indagación de las formas de este desarrollo, su comprobación en la práctica, etc.: todo esto forma parte integrante de las tareas de la lucha por la revolución social. Por separado, ningún democratismo da como resultante el socialismo, pero, en la práctica, el democratismo no se toma nunca «por separado», sino que se toma siempre «en bloque», influyendo también sobre la economía, acelerando su transformación y cayendo él mismo bajo la influencia del desarrollo económico, etc. Tal es la dialéctica de la historia viva. Engels prosigue:

«... En el capítulo tercero de La guerra civil se describe con todo detalle esta labor encaminada a hacer saltar [Sprengung] el viejo Poder estatal y sustituirlo por otro nuevo realmente democrático. Sin embargo, era necesario detenerse a examinar aquí brevemente algunos de los rasgos de esta sustitución, por ser precisamente en Alemania donde la fe supersticiosa en el Estado se ha trasplantado del campo filosófico a la conciencia general de la burguesía e incluso a la de muchos obreros. Según la concepción filosófica, el Estado es la 'realización de la idea', o sea, traducido al lenguaje filosófico, el reino de Dios sobre la tierra, el campo en que se hacen o deben hacerse realidad la eterna verdad y la eterna justicia. De aquí nace una veneración supersticiosa del Estado y de todo lo que con él se relaciona, veneración supersticiosa que va arraigando en las conciencias con tanta mayor facilidad cuanto que la gente se acostumbra ya desde la infancia a pensar que los asuntos e intereses comunes a toda la sociedad no pueden gestionarse ni salvaguardarse de otro modo que como se ha venido haciendo hasta aquí, es decir, por medio del Estado y de sus funcionarios retribuidos con buenos puestos. Y se cree haber dado un paso enormemente audaz con librarse de la fe en la monarquía hereditaria y

entusiasmarse por la República democrática. En realidad, el Estado no es más que una máquina para la opresión de una clase por otra, lo mismo en la República democrática que bajo la monarquía; y en el mejor de los casos, un mal que se transmite hereditariamente al proletariado que haya triunfado en su lucha por la dominación de clase. El proletariado victorioso, lo mismo que lo hizo la Comuna, no podrá por menos de amputar inmediatamente los lados peores de este mal, entretanto que una generación futura, educada en condiciones sociales nuevas y libres, pueda deshacerse de todo ese trasto viejo del Estado».

Engels prevenía a los alemanes para que, en caso de sustitución de la monarquía por la República, no olvidasen los fundamentos del socialismo sobre la cuestión del Estado en general. Hoy, sus advertencias parecen una lección directa a los señores Tsereteli y Chernov, que en su práctica «coalicionista» ¡revelan una fe supersticiosa en el Estado y una veneración supersticiosa por él!

Dos observaciones más. 1) Si Engels dice que bajo la República democrática el Estado sigue siendo, «lo mismo» que bajo la monarquía, «una máquina para la opresión de una clase por otra», esto no significa, en modo alguno, que la forma de opresión sea indiferente para el proletariado, como «enseñan» algunos anarquistas. Una forma de lucha de clases y de opresión de clase más amplia, más libre, más abierta facilita en proporciones gigantescas la misión del proletariado en la lucha por la destrucción de las clases en general. 2) La cuestión de por qué solamente una nueva generación estará en condiciones de deshacerse en absoluto de todo este trasto viejo del Estado, es una cuestión relacionada con la superación de la democracia, que pasamos a examinar.

6. ENGELS, SOBRE LA SUPERACIÓN DE LA DEMOCRACIA

Engels se expresó acerca de esto en relación con la cuestión de la inexactitud científica de la denominación de «socialdemócrata».

En el prólogo a la edición de sus artículos de la década de 1870 sobre diversos temas, predominantemente de carácter «internacional» [*Internationales aus dem Volksstaat*[11]], prólogo fechado el 3 de enero de 1894, es decir, escrito año y medio antes de morir Engels, éste escribía que en todos los artículos se emplea la palabra «comunista» y no la de «socialdemócrata», pues por aquel entonces socialdemócratas se llamaban los proudhonistas en Francia y los lassalleanos en Alemania.

«... Para Marx y para mí —prosigue Engels— era, por tanto, sencillamente imposible emplear, para denominar nuestro punto de vista especial, una expresión tan elástica. En la actualidad, la cosa se presenta de otro modo, y esta palabra ['socialdemócrata'] puede, tal vez, pasar [mag passieren], aunque sigue siendo inadecuada [unpassend] para un partido cuyo programa económico no es un simple programa socialista en general, sino un programa directamente comunista, y cuya meta política final es la superación total del Estado y, por consiguiente, también de la democracia. Pero los nombres de los verdaderos [subrayado por Engels] partidos políticos nunca son absolutamente adecuados; el partido se desarrolla y el nombre queda».

El dialéctico Engels, en el ocaso de su existencia, sigue siendo fiel a la dialéctica.

Marx y yo —nos dice— teníamos un hermoso nombre, un nombre científicamente exacto, para el partido, pero no teníamos un verdadero partido, es decir, un Partido proletario

---

11 «Temas internacionales del Estado popular».

de masas. Hoy (a fines del siglo XIX), existe un verdadero partido, pero su nombre es científicamente inexacto. No importa, «puede pasar»: ¡lo importante es que el Partido se desarrolle, lo que importa es que el Partido no desconozca la inexactitud científica de su nombre y que éste no le impida desarrollarse en la dirección certera!

Tal vez haya algún bromista que quiera consolarnos también a nosotros, los bolcheviques, a la manera de Engels: nosotros tenemos un verdadero partido, que se desarrolla excelentemente; puede «pasar», por tanto, también una palabra tan sin sentido, tan monstruosa, como la palabra «bolchevique», que no expresa absolutamente nada, fuera de la circunstancia puramente accidental de que en el Congreso de Bruselas-Londres de 1903 tuvimos nosotros la mayoría... Tal vez hoy, en que las persecuciones de julio y de agosto contra nuestro Partido por parte de los republicanos y de la filistea democracia «revolucionaria» han rodeado la palabra «bolchevique» de honor ante todo el pueblo, y en que, además, esas persecuciones han marcado un progreso tan enorme, un progreso histórico de nuestro Partido en su desarrollo real, tal vez hoy, yo también dudaría, en cuanto a mi propuesta de abril de cambiar el nombre de nuestro Partido. Tal vez propondría a mis camaradas una «transacción»: llamarnos Partido Comunista y dejar entre paréntesis la palabra bolchevique...

Pero la cuestión del nombre del Partido es incomparablemente menos importante que la cuestión de la posición del proletariado revolucionario con respecto al Estado.

En las consideraciones corrientes acerca del Estado, se comete constantemente el error contra el que precave aquí Engels y que nosotros hemos señalado de paso en nuestra anterior exposición, a saber: se olvida constantemente que la destrucción del Estado es también la destrucción de la democracia, que la extinción del Estado implica la extinción de la democracia.

A primera vista, esta afirmación parece extraordinariamente extraña e incomprensible; tal vez en alguien surja incluso el temor de si esperamos el advenimiento de una organización social en que no se acate el principio de la subordinación de la minoría a la mayoría, ya que la democracia es, precisamente, el reconocimiento de este principio.

No. La democracia no es idéntica a la subordinación de la minoría a la mayoría.

Democracia es el Estado que reconoce la subordinación de la minoría a la mayoría, es decir, una organización llamada a ejercer la violencia sistemática de una clase contra otra, de una parte de la población contra otra.

Nosotros nos proponemos como meta final la destrucción del Estado, es decir, de toda violencia organizada y sistemática, de toda violencia contra los hombres en general. No esperamos el advenimiento de un orden social en el que no se acate el principio de la subordinación de la minoría a la mayoría. Pero, aspirando al socialismo, estamos persuadidos de que éste se convertirá gradualmente en comunismo, y en relación con esto desaparecerá toda necesidad de violencia sobre los hombres en general, toda necesidad de subordinación de unos hombres a otros, de una parte de la población a otra, pues los hombres se habituarán a observar las reglas elementales de la convivencia social sin violencia y sin subordinación.

Para subrayar este elemento del hábito es para lo que Engels habla de una nueva generación que, «educada en condiciones sociales nuevas y libres, pueda deshacerse de todo este trasto viejo del Estado», de todo Estado, inclusive el Estado democrático-republicano.

Para explicar esto, es necesario analizar la cuestión de las bases económicas de la extinción del Estado.

CAPÍTULO V

LAS BASES ECONÓMICAS DE LA EXTINCIÓN DEL ESTADO

La explicación más detallada de esta cuestión nos la da Marx en su *Crítica del Programa de Gotha* (carta a Bracke, de 5 de mayo de 1875, que no fue publicada hasta 1891, en la revista *Neue Zeit*, IX, 1, y de la que se publicó en ruso una edición aparte). La parte polémica de esta notable obra, consistente en la crítica del lassalleanismo, ha dejado en la sombra, por decirlo así, su parte positiva, a saber: su análisis de la conexión existente entre el desarrollo del comunismo y la extinción del Estado.

1. PLANTEAMIENTO DE LA CUESTIÓN POR MARX

Comparando superficialmente la carta de Marx a Bracke, de 5 de mayo de 1875, con la carta de Engels a Bebel, de 28 de marzo de 1875 examinada más arriba, podría parecer que Marx es mucho más «partidario del Estado» que Engels, y que entre las concepciones de ambos escritores acerca del Estado media una diferencia muy considerable.

Engels aconseja a Bebel lanzar por la borda toda la charlatanería sobre el Estado y borrar completamente del programa la palabra Estado, sustituyéndola por la palabra «comunidad». Engels llega incluso a declarar que la Comuna no era ya un Estado, en el sentido estricto de la palabra. En cambio, Marx habla incluso del «Estado futuro de la sociedad comunista», es decir, reconoce, al parecer, la necesidad del Estado hasta bajo el comunismo.

Pero semejante modo de concebir sería radicalmente falso. Examinándolo más atentamente, vemos que las concepciones de Marx y Engels sobre el Estado y su extinción coinciden en absoluto, y que la citada expresión de Marx se refiere precisamente al Estado en extinción.

Es evidente que no puede hablarse de determinar el momento de la «extinción» futura del Estado, tanto más cuanto que se trata, como es sabido, de un proceso largo.

La aparente diferencia entre Marx y Engels se explica por la diferencia de los temas por ellos tratados, de las tareas por ellos perseguidas. Engels se proponía la tarea de mostrar a Bebel de un modo palmario y tajante, a grandes rasgos, todo el absurdo de los prejuicios corrientes (compartidos también, en grado considerable, por Lassalle) acerca del Estado. Marx sólo toca de paso esta cuestión, interesándose por otro tema: el desarrollo de la sociedad comunista.

Toda la teoría de Marx es la aplicación de la teoría del desarrollo —en su forma más consecuente, más completa, más profunda y más rica de contenido— al capitalismo moderno. Era natural que a Marx se le plantease, por tanto, la cuestión de aplicar esta teoría también a la inminente bancarrota del capitalismo y al desarrollo futuro del comunismo futuro.

Ahora bien, ¿a base de qué datos se puede plantear la cuestión del desarrollo futuro del comunismo futuro?

A base del hecho de que el comunismo procede del capitalismo, se desarrolla históricamente del capitalismo, es el resultado de la acción de una fuerza social engendrada por el capitalismo. En Marx no encontramos ni rastro de intento de construir utopías, de hacer conjeturas en el aire respecto a cosas que no es posible conocer. Marx plantea la cuestión del comunismo como el naturalista plantearía, por ejemplo, la cuestión del desarrollo de una nueva especie biológica, sabiendo que ha surgido de tal y tal modo y se modifica en tal y tal dirección determinada.

Marx descarta, ante todo, la confusión que el programa de Gotha siembra en la cuestión de las relaciones entre el Estado y la sociedad.

La sociedad actual —escribe Marx— es la sociedad capitalista, que existe en todos los países civilizados, más o menos libre de aditamentos medievales, más o menos modificada por las particularidades del desarrollo histórico de cada país, más o menos desarrollada. Por el contrario, el 'Estado actual' cambia con las fronteras de cada país.

En el imperio prusiano-alemán es completamente distinto que en Suiza, en Inglaterra es completamente distinto que en los Estados Unidos. El 'Estado actual' es, por tanto, una ficción.

Sin embargo, pese a su abigarrada diversidad de formas, los diversos Estados de los diversos países civilizados tienen todos algo de común: que reposan sobre el terreno de la sociedad burguesa moderna, más o menos desarrollada en el sentido capitalista. Tienen, por tanto, ciertas características esenciales comunes. En este sentido cabe hablar del 'Estado actual' por oposición al del porvenir, en el que su raíz de hoy, la sociedad burguesa, se extinguirá.

Y cabe la pregunta: ¿qué transformación sufrirá el Estado en la sociedad comunista?

Dicho en otros términos: ¿qué funciones sociales quedarán entonces en pie, análogas a las funciones actuales del Estado? Esta pregunta sólo puede contestarse científicamente, y por mucho que se combine la palabra 'pueblo' con la palabra 'Estado', no nos acercaremos lo más mínimo a la solución del problema...

Poniendo en ridículo, como vemos, toda la charlatanería sobre el «Estado del pueblo», Marx traza el planteamiento del problema y en cierto modo nos advierte que, para resolverlo científicamente, sólo se puede operar con datos científicos sólidamente establecidos.

Y lo primero que ha sido establecido con absoluta precisión por toda la teoría de la evolución —y por toda la ciencia en general— y lo que olvidaron los utopistas y olvidan los oportunistas de hoy, que temen a la revolución socialista —es el hecho de que, históricamente, tiene que haber, sin ningún género de duda, una fase especial o una etapa especial de transición del capitalismo al comunismo.

2. LA TRANSICIÓN DEL CAPITALISMO AL COMUNISMO

«... Entre la sociedad capitalista y la sociedad comunista —prosigue Marx— media el período de la transformación revolucionaria de la primera en la segunda. A este período corresponde también un período político de transición, y el Estado de este período no puede ser otro que la dictadura revolucionaria del proletariado».

Esta conclusión de Marx se basa en el análisis del papel que el proletariado desempeña en la sociedad capitalista actual, en los datos sobre el desarrollo de esta sociedad y en el carácter irreconciliable de los intereses antagónicos del proletariado y de la burguesía.

Antes, la cuestión planteábase así: para conseguir su liberación, el proletariado debe derrocar a la burguesía, conquistar el Poder político e instaurar su dictadura revolucionaria.

Ahora, la cuestión se plantea de un modo algo distinto: la transición de la sociedad capitalista, que se desenvuelve hacia el comunismo, a la sociedad comunista, es imposible sin un «período político de transición», y el Estado de este período no puede ser otro que la dictadura revolucionaria del proletariado.

Ahora bien, ¿cuál es la actitud de esta dictadura hacia la democracia?

Veíamos que el *Manifiesto Comunista* coloca sencillamente, a la par el uno del otro, dos conceptos: el de la «transformación del proletariado en clase dominante» y el de «la conquista de la democracia». Sobre la base de todo lo arriba expuesto, se puede determinar con más precisión cómo se transforma la democracia en la transición del capitalismo al comunismo.

En la sociedad capitalista, bajo las condiciones del desarrollo más favorable de esta sociedad, tenemos en la República democrática un democratismo más o menos completo. Pero este democratismo se halla siempre comprimido dentro de los estrechos marcos de la explotación capitalista y es siempre, en esencia, por esta razón, un democratismo para la minoría, sólo para las clases poseedoras, sólo para los ricos. La libertad de la sociedad capitalista sigue siendo, y es siempre, poco más o menos, lo que era la libertad en las antiguas repúblicas de Grecia: libertad para los esclavistas. En virtud de las condiciones de la explotación capitalista, los esclavos asalariados modernos viven tan agobiados por la penuria y la miseria, que «no están para democracias», «no están para política», y en el curso corriente y pacífico de los acontecimientos, la mayoría de la población queda al margen de toda participación en la vida político-social.

Alemania es tal vez el país que confirma con mayor evidencia la exactitud de esta afirmación, precisamente porque en dicho Estado la legalidad constitucional se mantuvo durante un tiempo asombrosamente largo y persistente, casi medio siglo (1871-1914), y durante este tiempo la socialdemocracia supo hacer muchísimo más que en los otros países para «utilizar la legalidad» y organizar en partido político a una parte más considerable de los obreros que en ningún otro país del mundo.

Pues bien, ¿a cuánto asciende esta parte de los esclavos asalariados políticamente conscientes y activos, con ser la más elevada de cuantas encontramos en la sociedad capitalista? ¡De 15 millones de obreros asalariados, el partido socialdemócrata cuenta con un millón de miembros! ¡De 15 millones de obreros, hay tres millones sindicalmente organizados!

Democracia para una minoría insignificante, democracia para los ricos: he ahí el democratismo de la sociedad capitalista. Si nos fijamos más de cerca en el mecanismo de la democracia capitalista, veremos siempre y en todas partes, hasta en los «pequeños», en los aparentemente pequeños, detalles del derecho de sufragio (requisito de residencia, exclusión de la mujer, etc.), en la técnica de las instituciones representativas, en los obstáculos reales que se oponen al derecho de reunión (¡los edificios públicos no son para los «de abajo»!), en la organización puramente capitalista de la prensa diaria, etc., etc., en todas partes veremos restricción tras restricción puesta al democratismo. Estas restricciones, excepciones, exclusiones y trabas para los pobres parecen insignificantes sobre todo para el que jamás ha sufrido la penuria ni se ha puesto en contacto con las clases oprimidas en su vida de masas (que es lo que les ocurre a las nueve décimas partes, si no al noventa y nueve por ciento de los publicistas y políticos burgueses), pero en conjunto estas restricciones excluyen, eliminan a los pobres de la política, de su participación activa en la democracia.

Marx puso de relieve magníficamente esta esencia de la democracia capitalista, al decir, en su análisis de la experiencia de la Comuna, que a los oprimidos se les autoriza para decidir una vez cada varios años ¡qué miembros de la clase opresora han de representarlos y aplastarlos en el parlamento!

Pero, partiendo de esta democracia capitalista —inevitablemente estrecha, que repudia por debajo de cuerda a los pobres y que es, por tanto, una democracia profundamente hipócrita y mentirosa— el desarrollo progresivo, no discurre de un modo sencillo, directo y tranquilo «hacia una democracia cada vez mayor», como quieren hacernos creer los profesores liberales y los oportunistas pequeñoburgueses.

No, el desarrollo progresivo, es decir, el desarrollo hacia el comunismo pasa a través de la dictadura del proletariado, y no puede ser de otro modo, porque el proletariado es el único que puede, y sólo por este camino, romper la resistencia de los explotadores capitalistas.

Pero la dictadura del proletariado, es decir, la organización de la vanguardia de los oprimidos en clase dominante para aplastar a los opresores, no puede conducir tan sólo a la simple ampliación de la democracia. A la par con la enorme ampliación del democratismo, que por vez primera se convierte en un democratismo para los pobres, en un democratismo para el pueblo, y no en un democratismo para los ricos, la dictadura del proletariado implica una serie de restricciones puestas a la libertad de los opresores, de los explotadores, de los capitalistas. Debemos reprimir a éstos, para liberar a la humanidad de la esclavitud asalariada, hay que vencer por la fuerza su resistencia, y es evidente que allí donde hay represión, donde hay violencia no hay libertad ni hay democracia.

Engels expresaba magníficamente esto en la carta a Bebel, al decir, como recordará el lector, que «mientras el proletariado necesite todavía del Estado, no lo necesitará en interés de la libertad, sino para someter a sus adversarios, y tan pronto como pueda hablarse de libertad, el Estado como tal dejará de existir».

Democracia para la mayoría gigantesca del pueblo y represión por la fuerza, es decir, exclusión de la democracia, para los explotadores, para los opresores del pueblo: he ahí la modificación que sufrirá la democracia en la transición del capitalismo al comunismo.

Sólo en la sociedad comunista, cuando se haya roto ya definitivamente la resistencia de los capitalistas, cuando hayan desaparecido los capitalistas, cuando no haya clases (es decir, cuando no haya diferencias entre los miembros de la sociedad por su relación hacia los medios sociales de producción), sólo entonces «desaparecerá el Estado y podrá hablarse de libertad». Sólo entonces será posible y se hará realidad una democracia verdaderamente completa, una democracia que verdaderamente no implique ninguna restricción. Y sólo entonces la democracia comenzará a extinguirse, por la sencilla razón de que los hombres, liberados de la esclavitud capitalista, de los innumerables horrores, bestialidades, absurdos y vilezas de la explotación capitalista, se habituarán poco a poco a la observación de las reglas elementales de convivencia, conocidas a lo largo de los siglos y repetidas desde hace miles de años en todos los preceptos, a observarlas sin violencia, sin coacción, sin subordinación, sin ese aparato especial de coacción que se llama Estado.

La expresión «el Estado se extingue» está muy bien elegida, pues señala el carácter gradual del proceso y su espontaneidad. Sólo la fuerza de la costumbre puede ejercer y ejercerá indudablemente esa influencia, pues en torno a nosotros observamos millones de veces con qué facilidad se habitúan los hombres a guardar las reglas de convivencia necesarias si no hay explotación, si no hay nada que indigne a los hombres y provoque protestas y sublevaciones, creando la necesidad de la represión.

Por tanto, en la sociedad capitalista tenemos una democracia amputada, mezquina, falsa, una democracia solamente para los ricos, para la minoría. La dictadura del proletariado, el período de transición hacia el comunismo, aportará por primera vez la democracia para el pueblo, para la mayoría, a la par con la necesaria represión de la minoría, de los explotadores. Sólo el comunismo puede aportar una democracia verdaderamente completa, y cuanto más completa sea, antes dejará de ser necesaria y se extinguirá por sí misma.

Dicho en otros términos: bajo el capitalismo, tenemos un Estado en el sentido estricto de la palabra, una máquina especial para la represión de una clase por otra, y, además, de la mayoría por la minoría. Se comprende que para que pueda prosperar una empresa como la represión sistemática de la mayoría de los explotados por una minoría de explotadores, haga falta una crueldad extraordinaria, una represión bestial, hagan falta mares de sangre, a través de los cuales marcha precisamente la humanidad en estado de esclavitud, de servidumbre, de trabajo asalariado.

Ahora bien, en la transición del capitalismo al comunismo, la represión es todavía necesaria, pero ya es la represión de una minoría de explotadores por la mayoría de los explotados. Es necesario todavía un aparato especial, una máquina especial para la represión, el «Estado», pero éste es ya un Estado de transición, no es ya un Estado en el sentido estricto de la palabra, pues la represión de una minoría de explotadores por la mayoría de los esclavos asalariados de ayer es algo tan relativamente fácil, sencillo y natural, que costará muchísima menos sangre que la represión de las sublevaciones de los esclavos, de los siervos y de los obreros asalariados, que costará mucho menos a la humanidad. Y este Estado es compatible con la extensión de la democracia a una mayoría tan aplastante de la población, que la necesidad de una máquina especial para la represión comienza a desaparecer. Como es natural, los explotadores no pueden reprimir al pueblo sin una máquina complicadísima que les permita cumplir este cometido, pero el pueblo puede reprimir a los explotadores con una «máquina» muy sencilla, casi sin «máquina», sin aparato especial, por la simple organización de las masas armadas (como los Soviets de Diputados Obreros y Soldados, digamos, adelantándonos un poco).

Finalmente, sólo el comunismo suprime en absoluto la necesidad del Estado, pues bajo el comunismo no hay nadie a quien reprimir, «nadie» en el sentido de clase, en el sentido de una lucha sistemática contra determinada parte de la población. Nosotros no somos utopistas y no negamos, en modo alguno, que es posible e inevitable que algunos individuos cometan excesos, como tampoco negamos la necesidad de reprimir tales excesos. Pero, en primer lugar, para esto no hace falta una máquina especial, un aparato especial de represión, esto lo hará el mismo pueblo armado, con la misma sencillez y facilidad con que un grupo cualquiera de personas civilizadas, incluso en la sociedad actual, separa a los que se están peleando o impide que se maltrate a una mujer. Y, en segundo lugar, sabemos que la causa social más importante de los excesos, consistentes en la infracción de las reglas de convivencia, es la explotación de las masas, la penuria y la miseria de éstas. Al suprimirse esta causa fundamental, los excesos comenzarán inevitablemente a «extinguirse». No sabemos con qué rapidez y gradación, pero sabemos que se extinguirán. Y, con ellos, se extinguirá también el Estado.

Marx, sin dejarse llevar al terreno de las utopías, determinó en detalle lo que es posible determinar ahora respecto a este porvenir, a saber: la diferencia entre las fases (grados o etapas) inferior y superior de la sociedad comunista.

3. PRIMERA FASE DE LA SOCIEDAD COMUNISTA

En la *Crítica del Programa de Gotha*, Marx refuta minuciosamente la idea lassalleana de que, bajo el socialismo, el obrero recibirá el «producto íntegro o completo del trabajo». Marx demuestra que de todo el trabajo social de toda la sociedad habrá que descontar un fondo de reserva, otro fondo para ampliar la producción, para reponer las máquinas «gastadas», etc., y, además, de los artículos de consumo, un fondo para los gastos de administración, escuelas, hospitales, asilos para ancianos, etc.

En vez de emplear la frase nebulosa, confusa y general de Lassalle («dar al obrero el producto íntegro del trabajo»), Marx establece un cálculo sobrio de cómo precisamente la sociedad socialista se verá obligada a administrar. Marx aborda el análisis concreto de las condiciones de vida de esta sociedad en que no existirá el capitalismo, y dice: «De lo que aquí [en el examen del programa del partido obrero] se trata no es de una sociedad comunista que se ha desarrollado sobre su propia base, sino de una que acaba de salir precisamente de la sociedad capitalista y que, por tanto, presenta todavía en todos sus aspectos, en el económico, en el moral y en el intelectual, el sello de la vieja sociedad de cuya entraña procede».

Esta sociedad comunista, que acaba de salir de la entraña del capitalismo al mundo de Dios y que lleva en todos sus aspectos el sello de la sociedad antigua, es la que Marx llama «primera» fase o fase inferior de la sociedad comunista.

Los medios de producción han dejado de ser ya propiedad privada de los individuos.

Los medios de producción pertenecen a toda la sociedad. Cada miembro de la sociedad, al ejecutar una cierta parte del trabajo socialmente necesario, obtiene de la sociedad un certificado acreditativo de haber realizado tal o cual cantidad de trabajo.

Por este certificado recibe de los almacenes sociales de artículos de consumo la cantidad correspondiente de productos. Deducida la cantidad de trabajo que pasa al fondo social, cada obrero, por tanto, recibe de la sociedad lo que entrega a ésta.

Reina, al parecer, la «igualdad».

Pero cuando Lassalle, refiriéndose a este orden social (al que se suele dar el nombre de socialismo, pero que Marx denomina la primera fase del comunismo), dice que esto es una «distribución justa», que es «el derecho igual de cada uno al producto igual del trabajo», Lassalle se equivoca, y Marx pone al descubierto su error.

«Aquí —dice Marx— tenemos realmente un 'derecho igual', pero esto es todavía 'un derecho burgués', que, como todo derecho, presupone la desigualdad. Todo derecho significa la aplicación de un rasero igual a hombres distintos, a hombres que en realidad no son idénticos, no son iguales entre sí; por tanto, el 'derecho igual' es una infracción de la igualdad y una injusticia».

En efecto, cada cual obtiene, si ejecuta una parte de trabajo social igual que el otro, la misma parte de producción social (después de hechas las deducciones indicadas).

Sin embargo, los hombres no son todos iguales, unos son más fuertes y otros más débiles, unos son casados y otros solteros, unos tienen más hijos que otros, etc.

«... A igual trabajo —concluye Marx— y, por consiguiente, a igual participación en el fondo social de consumo, unos obtienen de hecho más que otros, unos son más ricos que otros, etc. Para evitar todos estos inconvenientes, el derecho tendría que ser no igual, sino desigual...».

Consiguientemente, la primera fase del comunismo no puede proporcionar todavía justicia ni igualdad: subsisten las diferencias de riqueza, diferencias injustas; pero no será posible ya la explotación del hombre por el hombre, puesto que no será posible apoderarse, a título de propiedad privada, de los medios de producción, de las fábricas, las máquinas, la tierra, etc. Pulverizando la frase confusa y pequeñoburguesa de Lassalle sobre la «igualdad» y la «justicia» en general, Marx muestra el curso de desarrollo de la sociedad comunista, que en sus comienzos se verá obligada a destruir solamente aquella «injusticia» que consiste en que los medios de producción sean usurpados por individuos aislados, pero que no estará en condiciones de destruir de golpe también la otra injusticia, consistente en la distribución de los artículos de consumo «según el trabajo» (y no según las necesidades).

Los economistas vulgares, incluyendo entre ellos a los profesores burgueses, entre los que se cuenta también «nuestro» Tugán[12], reprochan constantemente a los socialistas el olvidarse de la desigualdad de los hombres y el «soñar» con destruir esta desigualdad. Este reproche sólo demuestra, como vemos, la extrema ignorancia de los señores ideólogos burgueses.

Marx no sólo tiene en cuenta del modo más preciso la inevitable desigualdad de los hombres, sino que tiene también

------

12 Lenin se refiere a Tugán-Baranovsky, un economista burgués ruso.

en cuenta que el solo paso de los medios de producción a propiedad común de toda la sociedad (el «socialismo», en el sentido corriente de la palabra) no suprime los defectos de la distribución y la desigualdad del «derecho burgués», el cual sigue imperando, por cuanto los productos son distribuidos «según el trabajo».

... Pero estos defectos —prosigue Marx— son inevitables en la primera fase de la sociedad comunista, tal y como brota de la sociedad capitalista, tras largos dolores para su alumbramiento. El derecho no puede ser nunca superior a la estructura económica y al desarrollo cultural de la sociedad por ella condicionado...

Asi, pues, en la primera fase de la sociedad comunista (a la que suele darse el nombre de socialismo) el «derecho burgués» no se suprime completamente, sino sólo parcialmente, sólo en la medida de la transformación económica ya alcanzada, es decir, sólo en lo que se refiere a los medios de producción. El «derecho burgués» reconoce la propiedad privada de los individuos sobre los medios de producción. El socialismo los convierte en propiedad común. En este sentido —y sólo en este sentido— desaparece el «derecho burgués».

Sin embargo, este derecho persiste en otro de sus aspectos, persiste como regulador de la distribución de los productos y de la distribución del trabajo entre los miembros de la sociedad. «El que no trabaja, no come»: este principio socialista es ya una realidad; «a igual cantidad de trabajo, igual cantidad de productos»: también es ya una realidad este principio socialista. Sin embargo, esto no es todavía el comunismo, ni suprime todavía el «derecho burgués», que da una cantidad igual de productos a hombres que no son iguales y por una cantidad desigual (desigual de hecho) de trabajo.

Esto es un «defecto», dice Marx, pero un defecto inevitable en la primera fase del comunismo, pues, sin caer en utopismo, no se puede pensar que, al derrocar el capitalismo, los hombres aprenderán a trabajar inmediatamente para la sociedad sin sujeción a ninguna norma de derecho; además, la abolición del capitalismo no sienta de repente tampoco las premisas económicas para este cambio.

Otras normas, fuera de las del «derecho burgués», no existen. Y, por tanto, persiste todavía la necesidad del Estado, que, velando por la propiedad común sobre los medios de producción, vele por la igualdad del trabajo y por la igualdad en la distribución de los productos.

El Estado se extingue en tanto que ya no hay capitalistas, que ya no hay clases y que, por lo mismo, no cabe reprimir a ninguna clase.

Pero el Estado no se ha extinguido todavía del todo, pues persiste aún la protección del «derecho burgués», que sanciona la desigualdad de hecho. Para que el Estado se extinga completamente, hace falta el comunismo completo.

4. LA FASE SUPERIOR DE LA SOCIEDAD COMUNISTA

Marx prosigue:

«... En la fase superior de la sociedad comunista cuando haya desaparecido la subordinación esclavizadora de los individuos a la división del trabajo, y con ella, por tanto, el contraste entre el trabajo intelectual y el trabajo manual, cuando el trabajo no sea solamente un medio de vida, sino la primera necesidad de la vida; cuando, con el desarrollo múltiple de los individuos, crezcan también las fuerzas productivas y fluyan con todo su caudal los manantiales de la riqueza colectiva; sólo entonces podrá rebasarse totalmente el estrecho horizonte del derecho burgués y la sociedad podrá escribir en sus banderas 'de cada uno, según su capacidad; a cada uno, según sus necesidades».

Sólo ahora podemos apreciar toda la justeza de la observación de Engels, cuando se burlaba implacablemente de la absurda asociación de las palabras «libertad» y «Estado». Mientras existe el Estado, no existe libertad. Cuando haya libertad, no habrá Estado.

La base económica para la extinción completa del Estado es ese elevado desarrollo del comunismo en que desaparecerá el contraste entre el trabajo intelectual y el trabajo manual, desapareciendo, por consiguiente, una de las fuentes más importantes de la desigualdad social moderna, fuente de desigualdad que no se puede suprimir en modo alguno, de repente, por el solo paso de los medios de producción a propiedad social, por la sola expropiación de los capitalistas.

Esta expropiación dará la posibilidad de desarrollar en proporciones gigantescas las fuerzas productivas. Y, viendo cómo ya hoy el capitalismo entorpece increíblemente este desarrollo y cuánto podríamos avanzar a base de la técnica actual, ya lograda, tenemos derecho a decir, con la más absoluta convicción, que la expropiación de los capitalistas imprimirá inevitablemente un desarrollo gigantesco a las fuerzas productivas de la sociedad humana. Lo que no sabemos ni podemos saber es la rapidez con que avanzará este desarrollo, la rapidez con que discurrirá hasta romper con la división del trabajo, hasta suprimir el contraste entre el trabajo intelectual y el trabajo manual, hasta convertir el trabajo «en la primera necesidad de la vida».

Por eso, tenemos derecho a hablar sólo de la extinción inevitable del Estado, subrayando la prolongación de este proceso, su supeditación a la rapidez con que se desarrolle la fase superior del comunismo, y dejando completamente en pie la cuestión de los plazos o de las formas concretas de la extinción, pues no tenemos datos para poder resolver estas cuestiones.

El Estado podrá extinguirse por completo cuando la sociedad ponga en práctica la regla: «de cada uno, según su capacidad; a cada uno, según sus necesidades»; es decir, cuando los hombres estén ya tan habituados a guardar las reglas fundamentales de la convivencia y cuando su trabajo sea tan productivo, que trabajen voluntariamente según sus capacidades. El «estrecho horizonte del derecho burgués», que obliga a calcular, con el rigor de un Shylock, para no trabajar ni media hora más que otro y para no percibir menos salario que otro, este estrecho horizonte quedará entonces rebasado. La distribución de los productos no obligará a la sociedad a regular la cantidad de los artículos que cada cual reciba; todo hombre podrá tomar libremente lo que cumpla a «sus necesidades».

Desde el punto de vista burgués, es fácil presentar como una «pura utopía» semejante régimen social y burlarse diciendo que los socialistas prometen a todos el derecho a obtener de la sociedad, sin el menor control del trabajo rendido por cada ciudadano, la cantidad que deseen de trufas de automóviles, de pianos, etc. Con estas burlas siguen contentándose todavía hoy la mayoría de los «sabios» burgueses, que sólo demuestran con ello su ignorancia y su defensa interesada del capitalismo.

Su ignorancia, pues a ningún socialista se le ha pasado por las mientes «prometer» la llegada de la fase superior de desarrollo del comunismo, y el pronóstico de los grandes socialistas de que esta fase ha de advenir, presupone una productividad del trabajo que no es la actual y hombres que no sean los actuales filisteos, capaces de dilapidar «a tontas y a locas» la riqueza social y de pedir lo imposible, como los seminaristas de Pomialovski.

Mientras llega la fase «superior» del comunismo, los socialistas exigen el más riguroso control por parte de la sociedad y por parte del Estado sobre la medida de trabajo y la medida de consumo, pero este control sólo debe comenzar con la expropiación de los capitalistas, con el control de los obreros sobre los capitalistas, y no debe llevarse a cabo por un Estado de burócratas, sino por el Estado de los obreros armados.

La defensa interesada del capitalismo por los ideólogos burgueses (y sus acólitos por el estilo de señores como los Tsereteli, los Chernov y Cía.) consiste precisamente en suplantar por discusiones y charlas sobre un remoto porvenir la cuestión más candente y más actual de la política de hoy: la expropiación de los capitalistas, la transformación de todos los ciudadanos en trabajadores y empleados de un gran «consorcio» único, a saber, de todo el Estado, y la subordinación completa de todo el trabajo de todo este consorcio a un Estado realmente democrático, el Estado de los Soviets de Diputados Obreros y Soldados.

En el fondo, cuando los sabios profesores, y tras ellos los filisteos, y tras ellos señores como los Tsereteli y los Chernov, hablan de utopías descabelladas, de las promesas demagógicas de los bolcheviques, de la imposibilidad de «implantar» el socialismo, se refieren precisamente a la etapa o fase superior del comunismo, que no sólo no ha prometido nadie, sino que nadie ha pensado en «implantar», pues, en general, no se puede «implantar».

Y aquí llegamos a la cuestión de la diferencia científica existente entre el socialismo y el comunismo, cuestión a la que Engels aludió en el pasaje citado más arriba sobre la inexactitud de la denominación de «socialdemócrata». Políticamente, la diferencia entre la primera fase o fase inferior y la fase superior del comunismo llegará a ser, con el tiempo, probablemente enorme; pero hoy, bajo el capitalismo, sería ridículo hacer resaltar esta diferencia, que sólo tal vez algunos anarquistas pueden destacar en primer plano (si es que entre los anarquistas quedan todavía hombres que no han aprendido nada después de la conversión «plejanovista» de los Kropotkin, los Grave, los Cornelissen y otras «lumbreras» del anarquismo en socialchovinistas o en anarquistas de trincheras, como los ha calificado Gue, uno de los pocos anarquistas que no han perdido el honor y la conciencia).

Pero la diferencia científica entre el socialismo y el comunismo es clara. A lo que se acostumbra a denominar socialismo, Marx lo llamaba la «primera» fase o la fase inferior de la sociedad comunista. En tanto que los medios de producción se convierten en propiedad común, puede emplearse la palabra «comunismo», siempre y cuando que no se pierda de vista que éste no es el comunismo completo. La gran significación de la explicación de Marx está en que también aquí aplica consecuentemente la dialéctica materialista, la teoría del desarrollo, considerando el comunismo como algo que se desarrolla del capitalismo. En vez de definiciones escolásticas y artificiales, «imaginadas», y de disputas estériles sobre palabras (qué es el socialismo, que es el comunismo), Marx traza un análisis de lo que podríamos llamar las fases de madurez económica del comunismo.

En su primera fase, en su primer grado, el comunismo no puede presentar todavía una madurez económica completa, no puede aparecer todavía completamente libre de las tradiciones o de las huellas del capitalismo. De aquí un fenómeno tan interesante como la subsistencia del «estrecho horizonte del derecho burgués» bajo el comunismo, en su primera fase. El derecho burgués respecto a la distribución de los artículos de consumo presupone también inevitablemente, como es natural, un Estado burgués, pues el derecho no es nada sin un aparato capaz de obligar a respetar las normas de aquél.

De donde se deduce que bajo el comunismo no sólo subsiste durante un cierto tiempo el derecho burgués, sino que ¡subsiste incluso el Estado burgués, sin burguesía!

Esto podrá parecer una paradoja o un simple juego dialéctico de la inteligencia, que es de lo que acusan frecuentemente a los marxistas gentes que no se han impuesto ni el menor esfuerzo para estudiar el contenido extraordinariamente profundo del marxismo.

En realidad, la vida nos muestra a cada paso los vestigios de lo viejo en lo nuevo, tanto en la naturaleza como en la sociedad. Y Marx no trasplantó caprichosamente al comunismo un trocito de «derecho burgués», sino que tomó lo que es económica y políticamente inevitable en una sociedad que brota de la entraña del capitalismo.

La democracia tiene una enorme importancia en la lucha de la clase obrera contra los capitalistas por su liberación. Pero la democracia no es, en modo alguno, un límite insuperable, sino solamente una de las etapas en el camino del feudalismo al capitalismo y del capitalismo al comunismo.

Democracia significa igualdad. Se comprende la gran importancia que encierra la lucha del proletariado por la igualdad y la consigna de la igualdad, si ésta se interpreta exactamente, en el sentido de destrucción de las clases. Pero democracia significa solamente igualdad formal. E inmediatamente después de realizada la igualdad de todos los miembros de la sociedad con respecto a la posesión de los medios de producción, es decir, la igualdad de trabajo y la igualdad de salario, surgirá inevitablemente ante la humanidad la cuestión de seguir adelante, de pasar de la igualdad formal a la igualdad de hecho, es decir, a la aplicación de la regla: «de cada uno, según su capacidad; a cada uno, según sus necesidades». A través de qué etapas, por medio de qué medidas prácticas llegará la humanidad a este elevado objetivo, es cosa que no sabemos ni podemos saber. Pero lo importante es comprender claramente cuán infinitamente mentirosa es la idea burguesa corriente que presenta al socialismo como algo muerto, rígido e inmutable, cuando en realidad solamente con el socialismo comienza un movimiento rápido y auténtico de progreso en todos los aspectos de la vida social e individual, un movimiento verdaderamente de masas en el que toma parte, primero, la mayoría de la población, y luego la población entera.

La democracia es una forma de Estado, una de las variedades del Estado. Y, consiguientemente, representa, como todo Estado, la aplicación organizada y sistemática de la violencia sobre los hombres. Esto, de una parte. Pero, de otra, la democracia significa el reconocimiento formal de la igualdad entre los ciudadanos, el derecho igual de todos a determinar el régimen del Estado y a gobernar el Estado. Y esto, a su vez, se halla relacionado con que, al llegar a un cierto grado de desarrollo de la democracia, ésta, en primer lugar, cohesiona al proletariado, la clase revolucionaria frente al capitalismo, y le da la posibilidad de destruir, de hacer añicos, de barrer de la faz de la tierra la máquina del Estado burgués, incluso la del Estado burgués republicano, el ejército permanente, la policía, la burocracia, y de sustituirla por una máquina más democrática, pero todavía estatal, bajo la forma de las masas obreras armadas, como paso hacia la participación de todo el pueblo en las milicias.

Aquí «la cantidad se transforma en calidad»: esta fase de democratismo se sale ya del marco de la sociedad burguesa, es ya el comienzo de su transformación socialista.

Si todos intervienen realmente en la dirección del Estado, el capitalismo no podrá ya sostenerse. Y, a su vez, el desarrollo del capitalismo crea las premisas para que «todos» realmente puedan intervenir en la dirección del Estado. Entre estas premisas se cuenta la instrucción general, conseguida ya por una serie de países capitalistas más adelantados, y además la «formación y la educación de la disciplina» de millones de obreros por el grande y complejo aparato socializado del correo, de los ferrocarriles, de las grandes fábricas, de las grandes empresas comerciales, de los bancos, etc., etc.

Existiendo estas premisas económicas, es perfectamente posible pasar inmediatamente, de la noche a la mañana, después de derrocar a los capitalistas y a los burócratas, a sustituirlos en la obra del control sobre la producción y la distribución, en la obra del registro del trabajo y de los productos por los obreros armados, por todo el pueblo armado. (No hay que confundir la cuestión del control y del registro con la cuestión del personal científico de ingenieros, agrónomos, etc.: estos señores trabajan hoy subordinados a los capitalistas y trabajarán todavía mejor mañana, subordinados a los obreros armados).

Registro y control: he aquí lo principal, lo que hace falta para «poner en marcha» y para que funcione bien la primera fase de la sociedad comunista. Aquí, todos los ciudadanos se convierten en empleados a sueldo del Estado, que no es otra cosa que los obreros armados. Todos los ciudadanos pasan a ser empleados y obreros de un solo «consorcio» de todo el pueblo, del Estado. De lo que se trata es de que trabajen por igual, de que guarden bien la medida de su trabajo y de que ganen igual salario. El capitalismo ha simplificado extraordinariamente el registro de esto, el control sobre esto, lo ha reducido a operaciones extremadamente simples de inspección y anotación, accesibles a cualquiera que sepa leer y escribir y para las cuales basta con conocer las cuatro reglas aritméticas y con extender los recibos correspondientes[13].

Cuando la mayoría del pueblo comience a llevar por su cuenta y en todas partes este registro, este control sobre los capitalistas (que entonces se convertirán en empleados) y

13 Cuando el Estado queda reducido, en la parte más sustancial de sus funciones, a este registro y a este control, realizados por los mismos obreros, deja de ser un «Estado político», «las funciones públicas perderán su carácter político y se convertirán en funciones puramente administrativas» (véase más arriba cap. IV, 2, acerca de la polémica de Engels con los anarquistas).

sobre los señores intelectualillos que conservan sus hábitos capitalistas, este control será realmente un control universal, general, del pueblo entero, y nadie podrá rehuirlo, pues «no habrá escapatoria posible».

Toda la sociedad será una sola oficina y una sola fábrica, con trabajo igual y salario igual.

Pero esta disciplina «fabril», que el proletariado, después de triunfar sobre los capitalistas y de derrocar a los explotadores, hará extensiva a toda la sociedad, no es, en modo alguno, nuestro ideal, ni nuestra meta final, sino sólo un escalón necesario para limpiar radicalmente la sociedad de la bajeza y de la infamia de la explotación capitalista y para seguir avanzando.

A partir del momento en que todos los miembros de la sociedad, o por lo menos la inmensa mayoría de ellos, hayan aprendido a dirigir ellos mismos el Estado, hayan tomado ellos mismos este asunto en sus manos, hayan «puesto en marcha» el control sobre la minoría insignificante de capitalistas, sobre los señoritos que quieran seguir conservando sus hábitos capitalistas y sobre obreros profundamente corrompidos por el capitalismo, a partir de este momento comenzará a desaparecer la necesidad de todo gobierno en general. Cuanto más completa sea la democracia, más cercano estará el momento en que deje de ser necesaria. Cuanto más democrático sea el «Estado» formado por obreros armados y que «no será ya un Estado en el sentido estricto de la palabra», más rápidamente comenzará a extinguirse todo Estado.

Pues cuando todos hayan aprendido a dirigir y dirijan en realidad por su cuenta la producción social, a llevar por su cuenta el registro y el control de los haraganes, de los señoritos, de los gandules y de toda esta ralea de «guardianes de las tradiciones del capitalismo», entonces el escapar a este control y a este registro hecho por todo el pueblo será inevitablemente algo tan inaudito y difícil, una excepción tan extraordinariamente rara, provocará probablemente una sanción tan rápida y tan severa (pues los obreros armados son hombres de realidades y no intelectualillos sentimentales, y será muy difícil que dejen que nadie juegue con ellos), que la necesidad de observar las reglas nada complicadas y fundamentales de toda con vivencia humana se convertirá muy pronto en una costumbre.

Y entonces quedarán abiertas de par en par las puertas para pasar de la primera fase de la sociedad comunista a la fase superior y, a la vez, a la extinción completa del Estado.

CAPÍTULO VI

EL ENVILECIMIENTO DEL MARXISMO POR LOS OPORTUNISTAS

La cuestión de las relaciones entre el Estado y la revolución social y entre ésta y el Estado, como en general la cuestión de la revolución, ha preocupado muy poco a los más conocidos teóricos y publicistas de la II Internacional (1889-1914). Pero lo más característico, en este proceso de desarrollo gradual del oportunismo, que llevó a la bancarrota de la II Internacional en 1914, es que incluso cuando abordaban de lleno esta cuestión se esforzaban en eludirla o no la advertían.

En términos generales, puede decirse que de esta actitud evasiva ante la cuestión de las relaciones entre la revolución proletaria y el Estado, actitud evasiva favorable para el oportunismo y de la que se nutría éste, surgió la tergiversación del marxismo y su completo envilecimiento.

Fijémonos, para caracterizar, aunque sea brevemente, este proceso lamentable, en los teóricos más destacados del marxismo, en Plejánov y Kautsky.

1. LA POLÉMICA DE PLEJANOV CON LOS ANARQUISTAS

Plejánov consagró a la cuestión de las relaciones entre el anarquismo y el socialismo un folleto especial, titulado *Anarquismo y socialismo*, publicado en alemán en 1894.

Plejánov se las ingenió para tratar este tema eludiendo en absoluto el punto más actual y más candente, y el más esencial en el terreno político, de la lucha contra el anarquismo: ¡precisamente las relaciones entre la revolución y el Estado y la cuestión del Estado en general! En su folleto descuellan dos partes. Una, histórico-literaria, con valiosos materiales referentes a la historia de las ideas de Stirner, Proudhon, etc. Otra, filistea, con torpes razonamientos en torno al tema de que un anarquista no se distingue de un bandido.

La combinación de estos temas es en extremo curiosa y característica de toda la actuación de Plejánov en vísperas de la revolución y en el transcurso del período revolucionario en Rusia: en efecto, en los años de 1905 a 1917, Plejanov se reveló como un semidoctrinario y un semifilisteo que en política marchaba a la zaga de la burguesía.

Hemos visto cómo Marx y Engels, polemizando con los anarquistas, aclaraban muy escrupulosamente sus puntos de vista acerca de la actitud de la revolución hacia el Estado. Al editar en 1891 la *Crítica del Programa de Gotha*, de Marx, Engels escribió: *Nosotros* [es decir, Engels y Marx] *nos encontrábamos entonces —pasados apenas dos años desde el*

Congreso de La Haya de la [Primera] Internacional[14]— en pleno apogeo de la lucha contra Bakunin y sus anarquistas.

En efecto, los anarquistas intentaban reivindicar como «suya», por decirlo así, la Comuna de París, como una confirmación de su doctrina, sin comprender, en absoluto, las enseñanzas de la Comuna y el análisis de estas enseñanzas hecho por Marx. El anarquismo no ha aportado nada que se acerque siquiera a la verdad en punto a estas cuestiones políticas concretas: ¿hay que destruir la vieja máquina del Estado? ¿Y con qué sustituirla?

Pero hablar de «anarquismo y socialismo», eludiendo toda la cuestión acerca del Estado, no advirtiendo todo el desarrollo del marxismo antes y después de la Comuna, significaba inevitablemente deslizarse hacia el oportunismo pues no hay nada, precisamente, que tanto interese al oportunismo como el no plantear en modo alguno las dos cuestiones que acabamos de señalar. Esto es ya una victoria del oportunismo.

2. LA POLÉMICA DE KAUTSKY CON LOS OPORTUNISTAS

Al ruso se ha traducido, sin duda alguna, una cantidad incomparablemente mayor de obras de Kautsky que a ningún otro idioma. No en vano algunos socialdemócratas alemanes bromean diciendo que a Kautsky se le lee más en Rusia que en Alemania. (Dicho sea entre paréntesis: esta broma encierra un sentido histórico más profundo de lo que sospechan sus

14 Congreso de La Haya de la I Internacional: Se celebró del 2 al 7 de septiembre de 1872, asistiendo a él Marx y Engels. Los delegados fueron 65. El orden del día constaba de diversos puntos: 1) Las facultades del Consejo General, 2) La acción política del proletariado, etc. Toda la labor del Congreso transcurrió en medio de una empeñada lucha contra los bakuninistas. Se adoptó una resolución ampliando las facultades del Consejo General. Respecto al punto «La acción política del proletariado», la resolución del Congreso estipulaba que el proletariado debía organizar su partido político propio para asegurar el triunfo de la revolución social y que su gran tarea pasaba a ser la conquista del poder político. En este Congreso, Bakunin y Guillaume fueron expulsados de la Internacional como desorganizadores y por haber fundado un nuevo partido, un partido antiproletario.

autores. Los obreros rusos, que en 1905 sentían una apetencia extraordinariamente grande, nunca vista, por las mejores obras de la mejor literatura socialdemócrata del mundo, y a quienes se suministró una cantidad jamás vista en otros países de traducciones y ediciones de estas obras, trasplantaban, por decirlo así, con ritmo acelerado, al terreno joven de nuestro movimiento proletario la formidable experiencia del país vecino, más adelantado).

A Kautsky se le conoce especialmente entre nosotros, aparte de por su exposición popular del marxismo, por su polémica contra los oportunistas, a la cabeza de los cuales figuraba Bernstein. Lo que apenas se conoce es un hecho que no puede silenciarse cuando se propone uno la tarea de investigar cómo Kautsky ha caído en esa confusión y en esa defensa increíblemente vergonzosas del socialchovinismo durante la profundísima crisis de los años 1914-1915. Es, precisamente, el hecho de que antes de enfrentarse contra los más destacados representantes del oportunismo en Francia (Millerand y Jaurés) y en Alemania (Bernstein), Kautsky dio pruebas de grandísimas vacilaciones. La revista marxista «Sariá[15]», que se editó en Stuttgart en 1901-1902 y que defendía las concepciones revolucionario-proletarias, viose obligada a polemizar con Kautsky y a calificar de «elástica» la resolución presentada por él en el Congreso socialista internacional de París en el año 1900[16], resolución evasiva, que se quedaba a mitad de camino y adoptaba ante los oportunistas una actitud conciliadora. Y en alemán han sido publicadas cartas de Kautsky que revelan las vacilaciones no

---

15 Sariá (La Aurora): Revista científica y política marxista. La editaba en 1901 y 1902 en Stuttgart la redacción del periódico Iskra. Salieron cuatro números. En Satiá se publicaron varios artículos de Lenin.

16 Se trata del V Congreso Internacional Socialista de la II Internacional, celebrado del 23 al 27 de septiembre de 1900 en Paris. Asistieron 791 delegados. La delegación rusa se componía de 23 personas. Por lo que respecta al punto principal —la conquista del poder político por el proletariado—, el Congreso aprobó por mayoría la resolución «de conciliación con los oportunistas» propuesta por Kautsky y a la que alude Lenin. Entre otras cosas, se acordó fundar la Oficina Socialista Internacional integrada por representantes de los partidos socialistas de todos los países y un Secretariado con residencia en Bruselas.

menores que le asaltaron antes de lanzarse a la campana contra Bernstein.

Pero aun encierra una significación mucho mayor la circunstancia de que en su misma polémica con los oportunistas, en su planteamiento de la cuestión y en su modo de tratarla, advertimos hoy, cuando estudiamos la historia de la más reciente traición contra el marxismo cometida por Kautsky, una propensión sistemática al oportunismo en lo que toca precisamente a la cuestión del Estado.

Tomemos la primera obra importante de Kautsky contra el oportunismo, su libro *Bernstein y el programa socialdemócrata*. Kautsky refuta con todo detalle a Bernstein. Pero he aquí una cosa característica. En sus herostráticamente célebres *Premisas del socialismo*, Bernstein acusa al marxismo de «blanquismo» (acusación que desde entonces para acá han venido repitiendo miles de veces los oportunistas y los burgueses liberales en Rusia contra los representantes del marxismo revolucionario, los bolcheviques). Aquí Bernstein se detiene especialmente en *La guerra civil en Francia*, de Marx, e intenta —muy poco afortunadamente, como hemos visto— identificar el punto de vista de Marx sobre las enseñanzas de la Comuna con el punto de vista de Proudhon. Bernstein consagra una atención especial a aquella conclusión de Marx que éste subrayó en su prólogo de 1872 al *Manifiesto Comunista* y que dice así: «*La clase obrera no puede limitarse a tomar simplemente posesión de la máquina estatal existente y a ponerla en marcha para sus propios fines*».

A Bernstein le «gustó» tanto esta sentencia, que la repitió nada menos que tres veces en su libro, interpretándola en el sentido más tergiversado y oportunista.

Marx quiere decir, como hemos visto, que la clase obrera debe destruir, romper, hacer saltar (Sprengung: hacer estallar, es la expresión que emplea Engels) toda la máquina del Estado.

Pues bien: Bernstein presenta la cosa como si Marx precaviese a la clase obrera, con estas palabras, contra el revolucionarismo excesivo en la conquista del Poder.

No cabe imaginarse un falseamiento más grosero ni más escandaloso del pensamiento de Marx.

Ahora bien, ¿qué hizo Kautsky en su minuciosa refutación de la bernsteiniada?

Rehuyó el analizar en toda su profundidad la tergiversación del marxismo por el oportunismo en este punto. Adujo el pasaje, citado por nosotros más arriba, del prólogo de Engels a *La guerra civil* de Marx, diciendo que, según éste, la clase obrera no puede tomar simplemente posesión de la máquina del Estado existente, pero que en general si puede tomar posesión de ella, y nada más. Kautsky no dice ni una palabra de que Bernstein atribuye a Marx exactamente lo contrario del verdadero pensamiento de éste, ni dice que, desde 1852, Marx destacó como misión de la revolución proletaria el «destruir» la máquina del Estado.

¡Resulta, pues, que en Kautsky quedaba esfumada la diferencia más esencial entre el marxismo y el oportunismo en punto a la cuestión de las tareas de la revolución proletaria!

La solución de la cuestión acerca del problema de la dictadura proletaria —escribía Kautsky «contra» Bernstein— es cosa que podemos dejar con completa tranquilidad al porvenir (pág. 172 de la edición alemana).

Esto no es una polémica contra Bernstein, sino que es, en el fondo, una concesión hecha a éste, una entrega de posiciones al oportunismo, pues, por el momento, nada hay que tanto interese a los oportunistas como el «dejar con completa tranquilidad al porvenir» todas las cuestiones cardinales sobre las tareas de la revolución proletaria.

Desde 1852 hasta 1891, a lo largo de cuarenta años, Marx y Engels enseñaron al proletariado que debía destruir la máquina del Estado. Pero Kautsky, en 1899, ante la traición completa de los oportunistas contra el marxismo en este punto, sustituye la cuestión de si es necesario destruir o no esta máquina por la cuestión de las formas concretas que ha de revestir la destrucción, y va a refugiarse bajo las alas de la verdad filistea «indiscutible» (y estéril) ¡¡de que estas formas concretas no podemos conocerlas de antemano!!

Entre Marx y Kautsky mediaba un abismo, en su actitud ante la tarea del Partido proletario de preparar a la clase obrera para la revolución.

Tomemos una obra posterior, más madura, de Kautsky consagrada también en gran parte a refutar los errores del oportunismo: su folleto *La revolución social*. El autor toma aquí como tema especial la cuestión de la «revolución proletaria» y del «régimen proletario». El autor nos suministra muchas cosas muy valiosas, pero soslaya precisamente la cuestión del Estado. En este folleto se habla constantemente de la conquista del Poder del Estado, y sólo de esto; es decir, se elige una fórmula que es una concesión hecha al oportunismo, toda vez que éste admite la conquista del Poder sin destruir la máquina del Estado. Precisamente aquello que en 1872 Marx consideraba como «anticuado» en el programa del *Manifiesto Comunista* es lo que Kautsky resucita en 1902.

En ese folleto se consagra un apartado especial a las «formas y armas de la revolución social». Aquí se habla de la huelga política de masas, de la guerra civil, de esos «medios de fuerza del gran Estado moderno que son la burocracia y el ejército», pero no se dice ni una palabra de lo que ya enseñó a los obreros la Comuna.

Evidentemente, Engels sabía lo que hacía cuando prevenía, especialmente a los socialistas alemanes, contra la «veneración supersticiosa» del Estado.

Kautsky presenta la cosa así: el proletariado triunfante «convertirá en realidad el programa democrático», y expone los puntos de éste. Ni una palabra se nos dice acerca de lo que el año 1871 aportó como nuevo en punto a la cuestión de la sustitución de la democracia burguesa por la democracia proletaria. Kautsky se contenta con banalidades tan «sólidamente» sonoras como ésta:

«Es de por sí evidente que no alcanzaremos la dominación bajo las condiciones actuales. La misma revolución presupone largas y profundas luchas que cambiarán ya nuestra actual estructura política y social».

No hay duda de que esto es algo «de por sí evidente», tan «evidente» como la verdad de que los caballos comen avena y de que el Volga desemboca en el mar Caspio. Sólo es de lamentar que con frases vacuas y ampulosas sobre las «profundas» luchas se eluda la cuestión vital para el proletariado revolucionario, de saber en qué se revela la «profundidad» de su revolución respecto al Estado, respecto a la democracia, a diferencia de las revoluciones anteriores, de las revoluciones no proletarias.

Al eludir esta cuestión, Kautsky de hecho hace una concesión, en un punto tan esencial como éste, al oportunismo, al que había declarado una guerra tan terrible de palabra, subrayando la importancia de la «idea de la revolución» (pero ¿vale algo esta «idea», cuando se teme hacer entre los obreros propaganda de las enseñanzas concretas de la revolución?), o diciendo: «el idealismo revolucionario, ante todo», o manifestando que los obreros ingleses no son ahora «apenas más que pequeñoburgueses».

«En una sociedad socialista —escribe Kautsky— pueden coexistir las más diversas formas de empresas: la burocrática [??], la tradeunionista, la cooperativa, la individual...». «Hay, por ejemplo, empresas que no pueden desenvolverse sin una organización burocrática [??] como ocurre con los ferrocarriles. Aquí la organización democrática puede revestir la forma siguiente: los obreros eligen delegados, que constituyen una especie de parlamento llamado a establecer el régimen de trabajo y a fiscalizar la administración del aparato burocrático. Otras empresas pueden entregarse a la administración de los sindicatos; otras, en fin, pueden ser organizadas sobre el principio del cooperativismo» (págs. 148 y 115 de la traducción rusa, editada en Ginebra en 1903).

Estas consideraciones son falsas y representan un retroceso respecto a lo expuesto por Marx y Engels en la década del 70, sobre el ejemplo de las enseñanzas de la Comuna.

Desde el punto de vista de la pretendida necesidad de una organización «burocrática», los ferrocarriles no se distinguen absolutamente en nada de todas las empresas de la gran industria mecánica en general, de cualquier fábrica, de un gran almacén, de las grandes empresas agrícolas capitalistas. En todas las empresas de esta índole, la técnica impone incondicionalmente una disciplina rigurosísima, la mayor puntualidad en la ejecución del trabajo asignado a cada uno, a riesgo de paralizar toda la empresa o de deteriorar el mecanismo o los productos. En todas estas empresas, los obreros procederán, naturalmente, a «elegir delegados, que constituirán una especie de parlamento».

Pero todo el quid del asunto está precisamente en que esta «especie de parlamento» no será un parlamento en el sentido de las instituciones parlamentarias burguesas.

Todo el quid del asunto está en que esta «especie de parlamento» no se limitará a «establecer el régimen de trabajo y a fiscalizar la administración del aparato burocrático», como se figura Kautsky, cuyo pensamiento no se sale del marco del parlamentarismo burgués. En la sociedad socialista, esta «especie de parlamento» de diputados obreros tendrá como misión, naturalmente, «establecer el régimen de trabajo y fiscalizar la administración» del «aparato», pero este aparato no será un aparato «burocrático». Los obreros, después de conquistar el Poder político, destruirán el viejo aparato burocrático, lo desmontarán hasta en sus cimientos, no dejarán de él piedra sobre piedra, lo sustituirán por otro nuevo, formado por los mismos obreros y empleados, contra cuya transformación en burócratas serán tomadas inmediatamente las medidas analizadas con todo detalle por Marx y Engels: 1) No sólo elegibilidad, sino amovilidad en todo momento; 2) sueldo no superior al salario de un obrero; 3) se pasará inmediatamente a que todos desempeñen funciones de control y de inspección, a que todos sean «burócratas» durante algún tiempo, para que, de este modo, nadie pueda convertirse en «burócrata».

Kautsky no se paró, en absoluto, a meditar las palabras de Marx: «la Comuna era, no una corporación parlamentaria, sino una corporación de trabajo, que dictaba leyes y al mismo tiempo las ejecutaba».

Kautsky no comprendió, en absoluto, la diferencia entre el parlamentarismo burgués, que asocia la democracia (no para el pueblo) al burocratismo (contra el pueblo), y el democratismo proletario, que toma inmediatamente medidas para cortar de raíz el burocratismo y que estará en condiciones de llevar estas medidas hasta el final, hasta la completa destrucción del burocratismo, hasta la implantación completa de la democracia para el pueblo.

Kautsky revela aquí la misma «veneración supersticiosa» hacia el Estado, la misma «fe supersticiosa» en el burocratismo.

Pasemos a la última y la mejor obra de Kautsky contra los oportunistas, a su folleto titulado «El camino del Poder» (inédita, según creemos, en Rusia, ya que se publicó en pleno apogeo de la reacción en nuestro país, en 1909). Este folleto representa un gran paso adelante, ya que en él no se habla de un programa revolucionario en general, como en el folleto de 1899 contra Bernstein, no se habla de las tareas de la revolución social, desglosándolas del momento en que ésta estalla, como en el folleto «La revolución social», de 1902, sino de las condiciones concretas que nos obligan a reconocer que comienza la «era de las revoluciones».

En este folleto, el autor señala de un modo definido la agudización de las contradicciones de clase en general y el imperialismo, que desempeña un papel singularmente grande en este sentido. Después del «período revolucionario de 1789 a 1871» en la Europa occidental, por el año 1905 comienza un período análogo para el Oriente. La guerra mundial se avecina con amenazante celeridad. *«El proletariado no puede hablar ya de una revolución prematura».*

«Hemos entrado en un período revolucionario». «La era revolucionaria comienza».

Estas manifestaciones son absolutamente claras. Este folleto de Kautsky debe servir de medida para comparar lo que la socialdemocracia alemana prometía ser antes de la guerra imperialista y lo bajo que cayó (sin excluir al mismo Kautsky) al estallar la guerra. «La situación actual —escribía Kautsky, en el citado folleto— encierra el peligro de que a nosotros (es decir, a la socialdemocracia alemana) se nos pueda tomar fácilmente por más moderados de lo que somos en realidad». ¡En realidad, el partido socialdemócrata alemán resultó ser incomparablemente más moderado y más oportunista de lo que parecía!

Ante estas manifestaciones tan definidas de Kautsky a propósito de la era ya iniciada de las revoluciones, es tanto más característico que, en un folleto consagrado según sus propias palabras a analizar precisamente la cuestión de la «revolución política», se eluda absolutamente una vez más la cuestión del Estado.

De la suma de estas omisiones de la cuestión, de estos silencios y de estas evasivas, resultó inevitablemente ese paso completo al oportunismo del que hablaremos en seguida.

Es como si la socialdemocracia alemana, en la persona de Kautsky, declarase: Mantengo mis concepciones revolucionarias (1899). Reconozco, en particular, el carácter inevitable de la revolución social del proletariado (1902). Reconozco que ha comenzado la nueva era de las revoluciones (1909). Pero, a pesar de todo esto, retrocedo con respecto a lo que dijo Marx ya en 1852, tan pronto como se plantea la cuestión de las tareas de la revolución proletaria en relación con el Estado (1912).

Así, en efecto, se planteó de un modo tajante la cuestión en la polémica de Kautsky con Pannekoek.

3. LA POLÉMICA DE KAUTSKY CON PANNEKOEK

Pannekoek se levantó contra Kautsky como uno de los representantes de aquella tendencia «radical de izquierda» que contaba en sus filas a Rosa Luxemburgo, a Carlos Rádek y a otros, y que, defendiendo la táctica revolucionaria, abrigaban unánimemente la convicción de que Kautsky se pasaba a la posición del «centro», el cual, vuelto de espaldas a los principios, vacilaba entre el marxismo y el oportunismo.

Que esta apreciación era exacta vino a demostrarlo plenamente la guerra, cuando la corriente del «centro» (erróneamente denominada marxista) o del «kautskismo» se reveló en toda su repugnante miseria.

En el artículo *Las acciones de masas y la revolución* (*Neue Zeit*, 1912, XXX, 2), en el que se toca la cuestión del Estado, Pannekoek caracterizaba la posición de Kautsky como una posición de «radicalismo pasivo», como la «teoría de esperar sin actuar». «Kautsky no quiere ver el proceso de la revolución» (pág. 616). Planteando la cuestión en estos términos, Pannekoek abordaba el tema que nos interesa aquí, o sea el de las tareas de la revolución proletaria respecto al Estado.

«La lucha del proletariado —escribía— no es sencillamente una lucha contra la burguesía por el Poder del Estado, sino una lucha contra el Poder del Estado... El contenido de la revolución proletaria es la destrucción y eliminación [literalmente: disolución, Auflösung] de los medios de fuerza del Estado por los medios de fuerza del proletariado... La lucha cesa únicamente cuando se produce, como resultado final, la destrucción completa de la organización estatal. La organización de la mayoría demuestra su superioridad al destruir la organización de la minoría dominante» (pág. 548).

La formulación que da a sus pensamientos Pannekoek adolece de defectos muy grandes. Pero, a pesar de todo, la idea está clara, y es interesante ver cómo Kautsky la refuta.

«Hasta aquí —escribe Kautsky— la diferencia entre los socialdemócratas y los anarquistas consistía en que los primeros quedan conquistar el Poder del Estado, y los segundos, destruirlo. Pannekoek quiere las dos cosas» (pág. 724).

Si en Pannekoek la exposición adolece de falta de claridad y no es lo bastante concreta (para no hablar aquí de otros defectos de su artículo, que no interesan al tema de que tratamos), Kautsky, en cambio, toma precisamente la esencia de principio de la cuestión sugerida por Pannekoek y en esta cuestión cardinal y de principio Kautsky abandona enteramente la posición del marxismo y se pasa con armas y bagajes al oportunismo. La diferencia entre los socialdemócratas y los anarquistas aparece definida en él de un modo completamente falso, y el marxismo se ve definitivamente tergiversado y envilecido.

La diferencia entre los marxistas y los anarquistas consiste en lo siguiente: 1) En que los primeros, proponiéndose como fin la destrucción completa del Estado, reconocen que este fin sólo puede alcanzarse después que la revolución socialista haya destruido las clases, como resultado de la instauración del socialismo, que conduce a la extinción del Estado; mientras que los segundos quieren destruir completamente el Estado de la noche a la mañana, sin comprender las condiciones bajo las que puede lograrse esta destrucción. 2) En que los primeros reconocen la necesidad de que el proletariado, después de conquistar el Poder político, destruya completamente la vieja máquina del Estado, sustituyéndola por otra nueva, formada por la organización de los obreros armados, según el tipo de la Comuna; mientras que los segundos, abogando por la destrucción de la máquina del Estado, tienen una idea absolutamente confusa respecto al punto de con qué ha de sustituir esa máquina el proletariado y cómo éste ha de emplear el Poder revolucionario; los anarquistas niegan incluso el empleo del Poder estatal por el proletariado revolucionario, su dictadura revolucionaria. 3) En que los primeros exigen que el proletariado se prepare para la revolución utilizando el Estado moderno, mientras que los anarquistas niegan esto.

En esta controversia, es precisamente Pannekoek quien representa al marxismo contra Kautsky, pues precisamente Marx nos enseñó que el proletariado no puede limitarse sencillamente a conquistar el Poder del Estado, en el sentido de pasar a nuevas manos el viejo aparato estatal, sino que debe destruir, romper este aparato y sustituirlo por otro nuevo.

Kautsky se pasa del marxismo al oportunismo, pues en él desaparece en absoluto precisamente esta destrucción de la máquina del Estado, completamente inaceptable para los oportunistas, y se les deja a éstos un portillo abierto, en el sentido de interpretar la «conquista» como una simple adquisición de la mayoría.

Para encubrir su tergiversación del marxismo, Kautsky procede como un buen exégeta de los evangelios: nos dispara una «cita» del propio Marx. En 1850 Marx había escrito acerca de la necesidad de una «resuelta centralización de la fuerza en manos del Poder del Estado». Y Kautsky pregunta, triunfal: ¿Acaso pretende Pannekoek destruir el «centralismo»?

Éste es ya, sencillamente, un juego de manos, parecido a la identificación que hace Bernstein del marxismo y del proudhonismo en sus puntos de vista sobre el federalismo que él opone al centralismo.

La «cita» tomada por Kautsky es totalmente inadecuada al caso. El centralismo cabe tanto en la vieja como en la nueva máquina del Estado. Si los obreros unen voluntariamente sus fuerzas armadas, esto será centralismo, pero un centralismo basado en la «completa destrucción» del aparato centralista del Estado, del ejército permanente, de la policía, de la burocracia. Kautsky se comporta en absoluto como un estafador, al eludir los pasajes perfectamente conocidos de Marx y Engels sobre la Comuna y destacando una cita que no guarda ninguna relación con el asunto.

«¿Acaso quiere Pannekoek abolir las funciones estatales de los funcionarios? —prosigue Kautsky—. Pero ni en el Partido ni en los sindicatos, y no digamos en la administración pública, podemos prescindir de funcionarios. Nuestro programa no pide la supresión de los funcionarios del Estado, sino la elección de

los funcionarios por el pueblo... De lo que en esta discusión se trata no es de saber qué estructura presentará el aparato administrativo del 'Estado del porvenir', sino de saber si nuestra lucha política destruirá [literalmente: disolverá, auflöst] el Poder del Estado antes de haberlo conquistado nosotros [subrayado por Kautsky]. ¿Qué ministerio, con sus funcionarios, podría suprimirse?». Y se enumeran los ministerios de Instrucción, de Justicia, de Hacienda, de Guerra. «No, con nuestra lucha política contra el gobierno no eliminaremos ninguno de los actuales ministerios... Lo repito, para prevenir equívocos: aquí no se trata de la forma que dará al 'Estado del porvenir' la socialdemocracia triunfante, sino de la que quiere dar al Estado actual nuestra oposición» (pág. 725).

Esto es una superchería manifiesta. Pannekoek había planteado precisamente la cuestión de la revolución. Así se dice con toda claridad en el título de su artículo y en los pasajes citados. Al saltar a la cuestión de la «oposición», Kautsky suplanta precisamente el punto de vista revolucionario por el punto de vista oportunista. La cosa aparece, en él, planteada así: ahora estamos en la oposición; después de la conquista del Poder, ya veremos. ¡La revolución desaparece! Esto era precisamente lo que exigían los oportunistas.

Aquí no se trata de la oposición ni de la lucha política en general, sino precisamente de la revolución. La revolución consiste en que el proletariado destruye el «aparato administrativo» y todo el aparato del Estado, sustituyéndolo por otro nuevo, formado por los obreros armados. Kautsky revela una «veneración supersticiosa» de los «ministerios», pero ¿por qué estos ministerios no han de poder sustituirse, supongamos, por comisiones de especialistas adjuntas a los Soviets soberanos y todopoderosos de Diputados Obreros y Soldados?

La esencia de la cuestión no está, ni mucho menos, en saber si han de seguir los «ministerios» o si ha de haber «comisiones de especialistas» o cualesquiera otras instituciones; esto es completamente secundario. La esencia de la cuestión está en si se mantiene la vieja máquina del Estado (enlazada por miles de hilos a la burguesía y empapada hasta el tuétano de rutina y de inercia), o si se la destruye, sustituyéndola por otra nueva. La revolución debe consistir, no en que la nueva clase mande y gobierne con ayuda de la vieja máquina del Estado, sino en que destruya esta máquina y mande, gobierne con ayuda de otra nueva: este pensamiento fundamental del marxismo se esfuma en Kautsky, o bien éste no lo ha comprendido en absoluto.

La pregunta que hace a propósito de los funcionarios demuestra palpablemente que no ha comprendido las enseñanzas de la Comuna, ni la doctrina de Marx. «Ni en el Partido ni en los sindicatos podemos prescindir de funcionarios...». No podemos prescindir de funcionarios bajo el capitalismo, bajo la dominación de la burguesía. El proletariado está oprimido, las masas trabajadoras están esclavizadas por el capitalismo. Bajo el capitalismo, la democracia se ve coartada, cohibida, truncada, mutilada por todo el ambiente de la esclavitud asalariada, por la penuria y la miseria de las masas. Por esto, y solamente por esto, los funcionarios de nuestras organizaciones políticas y sindicales se corrompen (o, para decirlo más exactamente, tienden a corromperse) bajo el ambiente del capitalismo y muestran la tendencia a convertirse en burócratas, es decir, en personas privilegiadas, divorciadas de las masas, situadas por encima de las masas.

En esto reside la esencia del burocratismo, y mientras los capitalistas no sean expropiados, mientras no se derribe a la burguesía, será inevitable una cierta «burocratización» incluso de los funcionarios proletarios.

Kautsky presenta la cosa así: puesto que sigue habiendo funcionarios electivos, esto quiere decir que bajo el socialismo sigue habiendo también burócratas, ¡que sigue habiendo burocracia! Y esto es precisamente lo que es falso. Precisamente sobre el ejemplo de la Comuna, Marx puso de manifiesto que bajo el socialismo los funcionarios dejan de ser «burócratas», dejan de ser «funcionarios», dejan de serlo a medida que se implanta, además de la elegibilidad, la amovilidad en todo momento, y, además de esto, los sueldos equiparados al salario medio de un obrero, y, además de esto, la sustitución de las instituciones parlamentarias por «instituciones de trabajo, es decir, que dictan leyes y las ejecutan».

En el fondo, toda la argumentación de Kautsky contra Pannekoek, y especialmente su notable argumento de que tampoco en las organizaciones sindicales y del Partido podemos prescindir de funcionarios, revelan la repetición por parte de Kautsky de los viejos «argumentos» de Bernstein contra el marxismo en general. En su libro de renegado *Las premisas del socialismo*, Bernstein combate las ideas de la democracia «primitiva», lo que él llama «democratismo doctrinario»: mandatos imperativos, funcionarios sin sueldo, una representación central impotente, etc. Como prueba de que este democratismo «primitivo» es inconsistente, Bernstein se refiere a la experiencia de las tradeuniones inglesas, en la interpretación de los esposos Webb.

Según ellos, en los setenta años que llevan de existencia, las tradeuniones, que se han desarrollado, a su decir, «en completa libertad» (página 137 de la edición alemana), se han convencido precisamente de la inutilidad del democratismo primitivo y han sustituido éste por el democratismo corriente: por el parlamentarismo, combinado con el burocratismo.

En realidad, las tradeuniones no se han desarrollado «en completa libertad», sino en completa esclavitud capitalista, bajo la cual es lógico que «no pueda prescindirse» de una serie de concesiones a los males imperantes, a la violencia, a la falsedad, a la exclusión de los pobres de los asuntos de la «alta» administración. Bajo el socialismo, revive inevitablemente mucho de la democracia «primitiva», pues por primera vez en la historia de las sociedades civilizadas la masa de la población se eleva para intervenir por cuenta propia no sólo en votaciones y en elecciones, sino también en la labor diaria de la administración. Bajo el socialismo, todos intervendrán por turno en la dirección y se habituarán rápidamente a que ninguno dirija.

Con su genial inteligencia crítico-analítica, Marx vio en las medidas prácticas de la Comuna aquel viraje que temen y no quieren reconocer los oportunistas por cobardía, por no querer romper irrevocablemente con la burguesía, y que los anarquistas no quieren ver, o por precipitación o por incomprensión de las condiciones en que se producen las transformaciones sociales de masas en general, *No hay ni que pensar en destruir la vieja máquina del Estado, pues ¿cómo vamos a arreglárnoslas sin ministerios y sin burócratas?*», razona el oportunista, infestado de filisteísmo hasta el tuétano y que, en el fondo no sólo no cree en la revolución, en la capacidad creadora de la revolución, sino que la teme como a la muerte (como la temen nuestros mencheviques y socialrevolucionarios).

«Sólo hay que pensar en destruir la vieja máquina del Estado, no hay por qué ahondar en las enseñanzas concretas de las anteriores revoluciones proletarias ni analizar con qué y cómo sustituir lo destruido», razonan los anarquistas (los mejores anarquistas, naturalmente, no los que van a la zaga de la burguesía tras los señores Kropotkin y Cía.); de donde resulta, en los anarquistas, la táctica de la desesperación, y no la táctica de una labor revolucionaria sobre objetivos concretos, implacable y audaz, y que al mismo tiempo, tenga en cuenta las condiciones prácticas del movimiento de masas.

Marx nos enseña a evitar ambos errores, nos enseña a ser de una intrepidez sin límites en la destrucción de toda la vieja máquina del Estado, pero al mismo tiempo nos enseña a plantear la cuestión de un modo concreto: la Comuna pudo en unas cuantas semanas comenzar a construir una nueva máquina, una máquina proletaria de Estado, implantando de este modo las medidas señaladas para ampliar el democratismo y desarraigar el burocratismo. Aprendamos de los comuneros la intrepidez revolucionaria, veamos en sus medidas prácticas un esbozo de las medidas prácticamente urgentes e inmediatamente aplicables, y entonces, siguiendo este camino, llegaremos a la destrucción completa del burocratismo.

La posibilidad de esta destrucción está garantizada por el hecho de que el socialismo reduce la jornada de trabajo, eleva a las masas a una nueva vida, coloca a la mayoría de la población en condiciones que permiten a todos, sin excepción, ejercer las «funciones del Estado», y esto conduce a la extinción completa de todo Estado en general.

... La tarea de la huelga general —prosigue Kautsky— no puede ser nunca la de destruir el Poder del Estado, sino simplemente la de obligar a un gobierno a ceder en un determinado punto o la de sustituir un gobierno hostil al proletariado por otro dispuesto a hacerle concesiones [entgegenkommende]... Pero jamás, ni en modo alguno, puede esto [es decir, la victoria del proletariado sobre un gobierno hostil] conducir a la destrucción del Poder del Estado, sino pura y simplemente a un cierto desplazamiento [Verschiébung] de la relación de fuerzas dentro del Poder del Estado.

... Y la meta de nuestra lucha política sigue siendo, con esto, la que ha sido hasta aquí: conquistar el Poder del Estado ganando

la mayoría en el parlamento y hacer del parlamento el dueño del gobierno (págs. 726, 721, 732).

Esto es ya el más puro y el más vil oportunismo, es ya renunciar de hecho a la revolución acatándola de palabra. El pensamiento de Kautsky no va más allá de «un gobierno dispuesto a hacer concesiones al proletariado», lo que significa un paso atrás hacia el filisteísmo, en comparación con el año 1847, en que el «Manifiesto Comunista» proclamaba la «organización del proletariado en clase dominante».

Kautsky tendrá que realizar la «unidad», tan preferida por él, con los Scheidemann, los Plejánov, los Vandervelde, todos los cuales están de acuerdo en luchar por un gobierno «dispuesto a hacer concesiones al proletariado».

Pero nosotros iremos a la ruptura con estos traidores al socialismo y lucharemos por la destrucción de toda la vieja máquina del Estado, para que el mismo proletariado armado sea el gobierno. Son «dos cosas muy distintas».

Kautsky quedará en la grata compañía de los Legien y los David, los Plejánov, los Pótresov, los Tsereteli y los Chernov, que están completamente de acuerdo en luchar por «un desplazamiento de la relación de fuerzas dentro del Poder del Estado», por «ganar la mayoría en el parlamento y hacer del parlamento el dueño del gobierno», nobilísimo fin en el que todo es acepta que para los oportunistas, todo permanece en el marco de la república parlamentaria burguesa. Pero nosotros iremos a la ruptura con los oportunistas; y todo el proletariado consciente estará con nosotros en la lucha, no por «el desplazamiento de la relación de fuerzas», sino por el derrocamiento de la burguesía, por la destrucción del parlamentarismo burgués, por una República democrática del tipo de la Comuna o una República de los Soviets de Diputados Obreros y Soldados, por la dictadura revolucionaria del proletariado.

Más a la derecha que Kautsky están situadas, en el socialismo internacional, corrientes como la de los «Cuadernos mensuales socialistas[17]» en Alemania (Legien, David, Kolb y muchos otros, incluyendo a los escandinavos Stauning y Branting), los jauresistas y Vandervelde en Francia y Bélgica, Turati, Treves y otros representantes del ala derecha del partido italiano, los fabianos y los «independientes» («Partido Laborista Independiente», que en realidad ha estado siempre bajo la dependencia de los liberales) en Inglaterra[18], etc. Todos estos señores, que desempeñan un papel enorme, no pocas veces predominante, en la labor parlamentaria y en la labor publicitaria del partido, niegan francamente la dictadura del proletariado y practican un oportunismo descarado. Para estos señores, la «dictadura» del proletariado ¡¡«contradice» la democracia!! No se distinguen sustancialmente en nada serio de los demócratas pequeñoburgueses.

Si tenemos en cuenta esta circunstancia, tenemos derecho a llegar a la conclusión de que la Segunda Internacional, en la aplastante mayoría de sus representantes oficiales, ha caído de lleno en el oportunismo. La experiencia de la Comuna no ha sido solamente olvidada, sino tergiversada. No sólo no se inculcó a las masas obreras que se acerca el día en que deberán levantarse y destruir la vieja máquina del Estado,

17 Cuadernos mensuales socialistas (Sozialistische Monatshefte): Revista, órgano principal de la socialdemocracia oportunista alemana y uno de los órganos del oportunismo internacional. Durante la guerra imperialista mundial (1914-1918), tomó las posiciones del socialchovinismo. Se publicó en Berlin desde 1897 hasta 1933.

18 Partido Laborista Independiente de Inglaterra (Independent Labour Party): Se fundó en 1893. Lo dirigían James Cair Hardie, Ramsay MacDonald y otros. Aunque pretendía ser políticamente independiente de los partidos burgueses, el Partido Laborista Independiente era en realidad, «independiente del socialismo y dependiente del liberalismo» (Lenin). Al comienzo de la guerra imperialista mundial (1914-1918), el Partido Laborista Independiente publicó un manifiesto contra la guerra (13 de agosto de 1914). Posteriormente, en la Conferencia de los socialistas de los países de la Entente, celebrada en Londres en febrero de 1915, los independientes se adhirieron a la resolución socialchovinista allí aprobada. A partir de entonces, los líderes de los independientes, enmascarándose con frases pacifistas, ocuparon las posiciones del socialchovinismo. Después de fundarse la Internacional Comunista, en 1919, los líderes de este partido, bajo la presión de las masas radicalizadas del partido, acordaron abandonar la II Internacional. En 1921, los independientes ingresaron en la llamada Internacional 2 1/2 y, después de disgregarse ésta, se reincorporaron a la II Internacional.

sustituyéndola por una nueva y convirtiendo así su dominación política en base para la transformación socialista de la sociedad, sino que se les inculcó todo lo contrario y se presentó la «conquista del Poder» de tal modo, que se dejaban miles de portillos abiertos al oportunismo.

La tergiversación y el silenciamiento de la cuestión de la actitud de la revolución proletaria hacia el Estado no podían por menos de desempeñar un enorme papel en el momento en que los Estados, con su aparato militar reforzado a consecuencia de la rivalidad imperialista, se convertían en monstruos guerreros, que devoraban a millones de hombres para dirimir el litigio de quién había de dominar el mundo: sí Inglaterra o Alemania, si uno u otro capital financiero.

CAPÍTULO VII

LA EXPERIENCIA DE LAS REVOLUCIONES RUSAS DE 1905 Y 1917

El tema indicado en el título de este capítulo es tan enormemente vasto, que sobre él podrían y deberían escribirse tomos enteros. En este folleto, habremos de limitarnos, como es lógico, a las enseñanzas más importantes de la experiencia que guardan una relación directa con las tareas del proletariado en la revolución con respecto al poder del Estado.

(Aquí se interrumpe el manuscrito)

PALABRAS FINALES A LA PRIMERA EDICIÓN

Este folleto fue escrito en los meses de agosto y septiembre de 1917. Tenía ya trazado el plan del capítulo siguiente, del VII: «La experiencia de las revoluciones rusas de 1905 y 1917». Pero, fuera del título, no me fue posible escribir ni una sola línea de este capítulo: vino a «estorbarme» la crisis política, la víspera de la Revolución de Octubre de 1917. De «estorbos» así no tiene uno más que alegrarse. Pero la redacción de la segunda parte del folleto (dedicada a «La experiencia de las revoluciones rusas de 1905 y 1917») habrá que aplazarla seguramente por mucho tiempo; es más agradable y más provechoso vivir la «experiencia de la revolución» que escribir acerca de ella.

Lenin

Petrogrado, 30 de noviembre de 1917.